广东省基础教育高中历史教研基地（珠海）

暨新一轮（2020—2022）珠海市缪晓虹高中历史名教师工作室研究成果

珠海历史文化研学旅行课程研究

我们坚持立德树人的根本任务，努力践行『文化育人』『课程育人』的育人理念，创造性地开展了珠海历史文化创新体验活动，将『活动育人』融入到课题的开展之中，融入学生的日常生活之中。

刘洪生　缪晓虹　梁艳芳——编著

南方日报出版社
NANFANG DAILY PRESS
中国·广州

图书在版编目（CIP）数据

珠海历史文化研学旅行课程研究 / 刘洪生，缪晓虹，梁艳芳编著 . —广州 : 南方日报出版社，2022.6
ISBN 978-7-5491-2552-4

Ⅰ . ①珠… Ⅱ . ①刘… ②缪… ③梁… Ⅲ . ①教育旅游—活动课程—教学研究—中小学 Ⅳ . ① G632.429

中国版本图书馆 CIP 数据核字（2022）第 094115 号

ZHUHAI LISHI WENHUA YANXUE LüXING KECHENG YANJIU

珠海历史文化研学旅行课程研究

编　　著： 刘洪生　缪晓虹　梁艳芳
出 版 人： 周山丹
责任编辑： 方　明　张煜杰
责任校对： 裴晓倩
责任技编： 王　兰
封面设计： 南风视觉
出版发行： 南方日报出版社
地　　址： 广州市广州大道中 289 号
电　　话： （020）87363865
经　　销： 全国新华书店
印　　刷： 佛山市迎高彩印有限公司
开　　本： 787 mm×1092 mm　1/16
印　　张： 12.5
字　　数： 165 千字
版　　次： 2022 年 6 月第 1 版
印　　次： 2022 年 6 月第 1 次印刷
定　　价： 49.00 元

投稿热线：（020）87360640　　读者热线：（020）87363865

前言

一个国家、一个民族的强盛，总是以文化兴盛为支撑的。中华民族拥有 5000 多年连绵不断的文明历史，创造了博大精深的中华文化，为人类文明进步作出了不可磨灭的贡献。当然，文化也是时代的产物，随着社会思想的更新和科学技术的进步，文化也在更新；随着不同地域、不同民族之间的交流日益频繁，文化也在不断地融合发展，但不管怎样，文化总是以本地域或本国文化为基础，它始终有一个核心，并总是根植于大地。中华优秀传统文化就是我们民族的“根”和“魂”，积淀着中华民族最深沉的精神追求，代表着中华民族独特的精神标识。没有文化的弘扬和繁荣，就没有中华民族伟大复兴的中国梦的实现，因此必须大力弘扬中华优秀传统文化。

文化包括外显的物质文化和内涵的精神文化，传统文化的表现形式有物质层面、思想层面、意识层面、习俗层面等，但文化的核心和本质是一种精神，是一种社会价值观。通过故宫、颐和园等古建筑可以领略中华建筑文化的哲学思想和建筑的精湛工艺；通过长城、秦始皇陵兵马俑等古代工程可以领略古人卓越的智慧；通过书法、绘画、戏曲等传统艺术可以了解历史悠久的非物质文化遗产。教育部、国家发展改革委等 11 部门印发的《关于推进中小学生研学旅行的意见》中提出，让广大中小学生在研学活动中感受中华传统美德，就是让中小学生走进文化遗产地，走进少数民族聚居地，走进古建筑群，走进传统工艺坊，通过观看欣赏、动手体验、专注倾听、专题阅读等方式，感受中华民族所创造的物质文明、精神文明、思想文化和传统美德。

珠海学生从小就生活在香山文化的氛围中，那些在中国从封闭到开放，从改良到革命，从传统农业到现代工商业，从文化交流到文化创新的近现代化过程中出现的名人，是学生日常生活中有所耳闻的。如留美第一人容闳、华南地区最早传播马克思主义思想的杨匏安、搏击商海的第一位华侨百万富翁陈芳等，他们活动的历史空间就在学习者身边，他们的故事还在当地流传，他们活动留下的历史遗迹历历在目，学生可以直接接触到第一手材料，并对其进行溯源、考证。当教师将这些名人与教材上的内容联系起来时，那些脑海中的知识点就会变成活生生的历史，吸引学生去深入了解这些名人的故事，重构历史遗迹背后的历史。他们身上所具有的爱国爱乡情怀、在艰难时世中逆流而上的拼搏精神，都能成为激发学生爱国情怀的隐性环境。

异域乡土文化资源能给学生提供更广阔的文化视野，我们带领学生走进异域乡土文化的广阔天地，去探寻泱泱中华的大美文化，培育他们的家国情怀。我们通过研学旅行的方式带领学生行走在异域的情境中，亲身体悟、探索，发现具体的、形象化的中华优秀传统文化的鲜活魅力。同时，一路上的考察探索，不仅能让学生学会一般的课题研究方法，也让他们从中汲取中华优秀传统文化的力量，夯实历史人文底蕴，增强民族自信心，并使之逐渐成为优秀传统文化的传承者、弘扬者。

珠海历史文化课程的开发，在弘扬优秀传统文化的背景下架起了宏观历史与微观叙述之间的桥梁，符合中学生的认知水平。此外，以乡土资源作为教学资源，容易激发学生对中华民族优秀传统文化的认同感，从而顺其自然、水到渠成地实现情感教育的目的，也能陶冶、升华学生的情操。

乡土课程蕴含丰富的可体验、可感悟的乡情，家国情怀的培育是乡土课程的核心育人目标，而乡土课程的实施是培育学生家国情怀的重要路径与载体。在乡土课程开发与实施的推进中，如何让家国情怀的育人内涵真正得以有效落实、落细？如何让培育学生家国情怀的路径与方法有所创新，更具操作性？这两个问题正是我们“在研学旅行中培养学生中华优秀传统文化素养的研究”和“任务驱动教学法下的中学研学旅行课程设计与实施”课题组主要探索的问题。

为此，我们坚持立德树人的根本任务，努力践行“文化育人”“课程育人”的育人理念，创造性地开展乡土文化创新体验活动，将“活动育人”融入课题的开展之中，融入学生的日常学习生活之中。

编者

2021 年 11 月 28 日

目录

第一章 总论

第二章 珠海历史文化研学活动与学科素养

第三章 珠海历史文化研学活动的组织

第四章 初中历史文化研学活动的设计与实施

第五章 高中历史文化研学活动的设计与实施

第一章
总论

第一节　课题研究的提出

一、选题的背景、意义以及国内外研究与实践现状述评

（一）选题背景及意义

随着中小学生综合实践活动课程的开展以及近年来中国学生发展核心素养的提出与研究，尤其是2014年《关于全面深化课程改革　落实立德树人根本任务的意见》的颁布，我国教育领域对学生综合素养的培养越来越重视了。新的历史时期，国家对人才的培养提出了新的要求。研学旅行是以旅行为载体，依托校外资源，通过精心设计，在短期内进行学习的新型教育模式，是学校教育和校外教育相结合的创新探索。它把课堂搬出学校，让学生通过游览、交际认识自然和社会，在阅览风土人情中提升认知，是培养学生探究精神和合作意识的综合实践课程。教育部高度重视推动中小学生研学旅行工作，2016年，教育部等11部门联合印发了《关于推进中小学生研学旅行的意见》（简称《意见》），从重要意义、工作目标、基本原则、主要任务、组织保障5个方面对研学旅行作了全面部署。2018年，广东省教育厅等12部门联合发文，将研学旅行纳入学校教育教学计

划，各地根据地域特色和学段特点，逐步建立小学阶段以乡土乡情为主、初中阶段以县情市情为主、高中阶段以省情国情为主的研学旅行活动课程体系，确保每名中小学生在每个学段参加有效的研学旅行。

读万卷书，行万里路，这一经过千百年实践验证的经验早已深入人心。回归到当前的教育语境，很长一段时间里，广大中小学生只知埋头苦读，却不懂很多知识是需要体验和感受的。对中小学生而言，在狭小的教室里待得太久，无论是思想还是视野都会受到局限，唯有走出去，才能打开人生的格局。因此，本课题把研究的重点放在以省情国情为主的西安、北京、上海三地研学旅行活动课程体系的构建方面。

1. 充分利用地区资源

充分挖掘西安、北京、上海三地的研学旅游资源，对推进研学旅游课程的设计与开发有重要意义。同时，学者普遍主张研学旅行既要继承传统，又要与国际接轨，其中一项就是提高跨文化理解能力。这三个研学地有独特的优势，应当充分加以利用。

2. 回应新一轮课程改革的需求

研学旅行以其实践性、综合性，成为推动素质教育改革、培养综合型人才的重要突破口。然而，对于如何设计研学旅行的相关细节，使学生在亲身体验中构建起自己的知识体系、习得相关学科技能，仍缺乏深入细致的研究。研学旅行能够引导研究者关注学科核心素养、素质教育如何“落地”的问题。

3. 深化研学旅行研究

当下研学旅行市场非常繁荣，但是很多研学旅行设计只是在常规的旅游路线或地方课程资源开发上进行简单的包装，缺乏深入研究，开发的教学点也不足，学习的深度和针对性亟待提高。以任务驱动教学法的相关理论为指导，有助于强化研学旅行的教育属性，深化研学旅行研究。

（二）国内外研究与实践现状述评

1. 研学旅行在日本

在日本，研学旅行被称为“修学旅行”，是日本学生最具特色的活动。日本的修学旅行始于1872年，由日本厚生省颁布修学旅行的学制。1886年，东京师范学校师生一同进行了一次长达10天的远足旅行，意在锻炼学生的体能和意志力，鼓励学生在长途跋涉的疲惫中战胜自我。1946年，修学旅行被正式纳入日本的教育体系。自那以后，小学、初中、高中均制定了相应的修学旅行制度，并每年带领适龄学生在日本国内进行研习活动。日本的修学旅行是小初高教育的重要组成部分，内容多种多样，渗透率很高，小学生几乎全部参加研学旅行，初中生参加率达到95%，高中生达到98%。涉及内容从学习传统文化知识、参观国家公园、访问历史古迹，到职业选择、自然体验、考察先进企业甚至体验商人活动等等，涵盖了政治、经济、文化等各个领域。实施过程中，学校会依据学生的年龄而各有侧重，时间上一般为期数天。其中，小学生主要就近参观名胜景点或是集体泡温泉；初中生不光去名胜景点，还把教科书中出现的国会议事堂、东京塔等列为参观景点；高中生则倾向把参观地点定位在自然体验或了解往日战争的悲惨历史上，修学旅行常去冲绳、广岛、长崎等地。另有不少学校，尤其是私立学校，还会组织学生出国修学旅行，并将此作为特色写入招生简章。

2. 研学旅行在韩国

在韩国，几乎每个学生都参加过各种类型的研学旅行，其中较有特色的形式是毕业旅行。韩国教育部门将毕业旅行作为学生的一项必修课目，纳入学分管理，学生只有参加并修够相应学分，才可以毕业。研学旅行的范围也不囿于本国，如2014年，韩国大学生“东北亚大长征”活动就选择高句丽的开国王城——位于我国辽宁省的五女山城，以及高句丽时代遗址——我国吉林省集安市、敦化市、东京城等地进行考察。

3. 研学旅行在美国

在美国，孩子参加假期活动主要还是凭借兴趣爱好，所以研学旅行和夏令营、冬令营一样，为满足或培养孩子的兴趣爱好提供了多种多样的选择，是假期非常受学生欢迎的活动。美国霍奇基斯中学甚至曾组织 10—12 年级的学生去南极开展为期三周的探险之旅，让孩子们在考察南极半岛和周边岛屿，观察鲸鱼、磷虾群，拍摄帝王企鹅、海豹、冰山的同时，跟随同行的南极科考专家学习生态学和当地历史。此外，不少美国高中生会在假期参加国内名校游，了解高校特色，为将来升学选择做准备。

4. 研学旅行在英国

作为现代旅游业的诞生地，英国一直以来就有崇尚研学旅游的风气，被称为“大陆游学”的“The Grand Tour”实际就是研学旅游。早在 17 世纪，英国王室就有教师带领王子们周游列国的先例；到了 18 世纪，这种游学普及到英国上流阶层；到 19 世纪，倘若当时英国的青年学子，尤其是贵族子弟不曾有过海外研学旅游的经历，就会被人看不起。今天，很多英国家长会选择在暑假带着孩子一起旅行，有些没有家庭出游计划的学生也会参加学校组织的出游，在旅途中学习知识。

纵观以上各国的研学旅行，尽管各国文化不尽相同，研学市场成熟度以及研学产品的策划方式也有所差别，但是让孩子走出家门感知世界的目的是一致的。从中，我们也不难看出各国研学旅行活动存在以下共同点：

（1）以游为主，以学为辅；

（2）以景区、景点为主；

（3）以主观感受为主，偶有科学考察。

真正的研学旅行应该是让学生在旅行的过程中去感受、发现、思考、探究、分析、总结，每一次研学旅行应该带着问题出门，带着成果和思考归来，将自己所学知识在旅行体验中实践、检验之后，再将知识进行整理与融合，从而形成相对系统化的思考和认知。这种将知识再加工的过程，就是一个提升的过程。但是目前我国中小学生的研学旅行还没有形成体系，也没有相应的课程，研学旅行比较随意，研学旅行的效果也参差不齐。因此，我们这次课题研究的创新就在于可以呈现出相对完善的研学旅行体系和对应的课程教材。

二、研学旅的行课程性质、特点及课程类型

（一）研学旅行的课程性质

关于研学旅行的目的，《意见》当中已明确，它是“学校教育和校外教育衔接的创新形式，是教育教学的重要内容，是综合实践育人的有效途径”。由此可见，研学旅行和学校教育是一并规划、一起实施的。研学旅行的形式虽不同于传统意义上的语文、数学等具体学科，但从本质上讲，研学旅行本身就是一门课程。只不过，这门课程的授课地点不在教室，而在校外；这门课程的授课者不一定是真正意义上的教师，但也是具有专业知识和素养的人才；这门课程的授课内容虽然与考试无关，但对学生综合素质的提升却大有裨益。显然，应当在研学旅行中渗透课程意识，将其作为一门内容丰富、形式多样的课程，并且明确其教育目的，如此一来，研学旅行才能真正体现其价值。

从概念上来看，旅行是在旅程中观察身边的景色和事物，是有目的、有计划的，研学旅行的目的性和计划性则更加明显，就是通过这种外出旅行的形式来进行研究性学习。并且，《意见》当中明确规定，要把研学旅行纳入中小学教学计划。由此可见，研学旅行就是课堂教学的一部分，只是形式和内容上有所不同，但其属于课程的性质毋庸置疑。

从某种意义上说，研学旅行与校本课程有一定的相似性，两者都是

基于对某种有教育意义和教育价值的资源进行整合开发，只不过校本课程的组织形式更加明了，呈现的方式也更加清晰。回归到研学旅行上，旅行地点的选择、游览资源的开发、研学任务的确定、讲解员的培训等，这些都是研学旅行这门课程所要考虑的。既然要让学生从中有所收获、有所成长，那么每一个环节都应该经过认真的研究和思考。唯有如此，才能够真正为研学旅行正名，其深刻的教育价值才能够凸显出来。

（二）研学旅行的课程特点

研学过程中，任何有计划、有组织的旅行都应当是有意义的。大到研学计划、研学目的、研学内容、活动形式的确定，小到具体环节的设置等，这些都应当以课程的形式进行深入加工和整理。学生以怎样的方式参与，哪些人来进行讲解，要达到什么目的，最终要以什么形式收尾，这与室内课程的教学目标、教学内容、教学形式、课堂检测等只是名称上不同，在实质上则是相通的。研学旅行课程具备以下特点：

1. 综合性

研学旅行课程，在内容上包括历史、地理、科技、人文和爱国主义教育等方面，在活动方式上融社会调查、参观访问、亲身体验、资料搜集、集体活动、同伴互助、文字总结等于一体，是一项综合性社会实践活动，使学生能够实现游中有学，行中有思。

2. 教育性

研学旅行课程要围绕一定的主题进行深入挖掘，要防止走马观花、只游不学，最好每次教学活动都能与校内课程做到有机衔接。在每次研学旅行之前，要求出行的学生先查阅资料，了解目的地的各种情况；研学结束后，开展征文、演讲、绘画、摄影等丰富多彩的后期活动，引导中小学生积极参与，并以成绩形式计入学分。

3. 实践性

研学旅行课程强调实践，注重引导学生在亲身参与的、丰富的社会实践活动中，获得知识、体验和感悟，增进学生对自然和社会的认识，培养其社会责任感和实践能力。

4. 生活性

研学旅行课程内容要紧密联系生活实际，突出反映学生生活中经常遇到或可能遇到的问题，将研学旅行作为一种教育形式，使学生既不脱离生活实践，又能养成良好的生活习惯和集体生活作风。

5. 安全性

研学旅行应本着“安全第一”的原则，做好出行前的安全教育工作。如遇突发事件，学校应第一时间上报主管部门，第一时间请求事发地的110、120支援。

（三）研学旅行的课程类型

研学旅行活动中可开展的课程包括但不限于以下类型：

1. 跨学科研学课程设计

基于西方现代化进程形成的现代教育体系，其最大特点就是知识专门化，即每一个学科都具有自己独特的学科内容和研究方法。学生只有通过学习每一个学科独特的学科内容，才能掌握每一个学科独特的研究方法，达成每一个学科独特的课程目标。知识专门化、分科教授无疑是教育现代化的重要属性，但是在分科化之后，我们也不得不面临其带来的弊端，即每一个生活中的实际问题，往往会包含多个学科的知识和能力，学生要想解决某一问题，就必须实现跨学科思维发展。研学课程开发，或许正好能解决校内课程体系的这一缺陷。

跨学科设计研学课程，我们首先需要明确两个问题。第一，研学旅行课程并不是校内课程的简单延伸。如果研学旅行只是将校内课程搬到校外，目的是实现校内学科目标，那么研学课程无疑就会变成行走中教、行走中听，无法实现教育模式和人才培养模式的创新。第二，研学课程是基于研学资源而形成的一门课程，而研学资源往往具有综合性的特点，即现实中的研学资源不仅仅包括一个学科的内容，往往会包含很多学科的内容。因此，研学课程的设计研发，就必须基于校内课程和研学资源，进行跨学科设计，而不是赋予研学课程某一个学科的属性。

跨学科设计研学课程，要基于以下两点：第一，基于研学资源进行跨学科设计。研学资源是研学课程的物质基础，因此，在每一次开发研学课程之前，必须充分挖掘研学资源的课程属性，进行跨学科设计。比如以“探究三秦文化”为研学主题，就可以从历史、地理、文化等多个方面去探索三秦文化形成的原因和演变的过程。只有从多个学科、多个角度去认识和分析研学资源，学生才有可能真正受益。第二，建设多学科的研学课程开发团队。对于研学课程，很多开发者天然地就将其归于文科属性，从而基于语文、历史、地理等学科去开发课程。而珠海市第二中学，一直开设综合实践课程，在建校之初即设有研学课程，在建设研学课程组的过程中，不仅有历史、地理、语文等传统研学学科老师，还纳入了物理、生物等学科老师，为研学课程的教学奠定了基础。

2. 体验式的研学课程设计

所谓体验式学习，即以学生为主体，学生能够参与其中，能够有切实的动手操作和情景体验。因此，在研学课程设计开发中，必须对研学资源进行甄别和拣选，挑选出一些适合中小学生动手参与的项目或者活动，从而拓展教育模式，帮助学生感悟知识，训练学生的动手能力。

当然，体验式的学习不止于动手操作，还可以利用当地资源，以情境再现的形式实现。以西安研学为例，为了让学生体验陕西浓厚的地域文化，教师在开发课程的过程中挖掘了当地的戏曲文化，在研学课程中邀请了当地的戏班子为学生进行现场演出和教学。虽然演出的都是片段，但是学生依然能够感受到陕西戏曲文化的神韵，从而进行全方位的体验。这种体验式教学设计，能避免研学游而不学的问题，也能改变传统的说教模式，从而落实研学课程的实践性原则。

3. 主题化的研学课程设计

常见的研学课程设计开发延续了传统旅游的特点，表现在会将某一个省份或地域的所有名胜古迹作为研学主要资源，全都囊括到同一门研学课程之中，比如去山东，就必然会去台儿庄、微山湖、泰山、济南、曲阜、淄博等地。将这些资源全部都安排在为期一周左右的同一门研学课程中，看起来十分丰富，各个学科都有，但是仔细推敲，就会发现这些资源都不具备统一的属性，而且各个资源之间的联系不是十分紧密，因此研学就变成了简单的旅游，成为只游不学的假课程。

如何避免这一问题呢？有的学校提出了一门研学课程对接一个学科的方法，试图从学科的角度统一研学资源属性，从而避免只游不学的尴尬。这一做法初看似乎解决了研学资源属性不一、只游不学的问题，但是认真考虑后，就会发现这样非常容易导致将研学课程作为校内课程的延伸，而且不能够充分挖掘和利用研学资源。因此，如何才能让研学课程具有统一性，同时又实现跨学科呢？主题化——项目探究式的研学课程设计能够解决这一问题。

4. 项目探究式的研学课程开发

体验式教学是研学课程与校内课程的主要区别，同时也是符合中小学生认知特点的主要教育方式，但是要在研学课程中培养学生的创新能力、合作能力和学科素养，就不能只是停留在体验式的实践上，必须再往前跨一步，实现项目探究式的研学课程开发。

所谓项目探究式的研学课程开发，指的是研学课程并不是将现有的知识原封不动地教授给学生，而是让学生结成项目组，然后以项目的形式，运用已经掌握的知识和方法，利用研学资源独立思考，通过信息加工、逻辑推理等方式，自己去发现、探究新的知识，并以各种形式将自己的探究结果表现出来，从而提高其认知能力、语言表达能力和文字写作的水平。

基于项目探究式的研学课程开发，需要进行以下四个关键步骤：

第一，确定选题，结成项目组。学生在研学课程开始前，基于已经学过的校内课程和研学行前课程，明确研学资源特点，挖掘问题，明确自己的选题，然后根据选题，确定合作伙伴，结成项目组。这个选题，其实就是项目组的探究式任务。

第二，项目组分工和策划，进行开题。项目组一旦确定自己的探究任务，结成小组，就必须进行组内分工。这种分工，不是每个人只独立负责一部分内容的机械化合作模式，而是既要保证每一位组员都能参与到项目研究的各个环节当中，又让各个环节能够互补，能够合作，从而使项目组形成一个民主合作的模式。在分工的基础上，通过组内讨论和合作，项目组必须明确规划研学行程，以保证探究式任务的完成。当这一步骤完成后，项目组的分工和规划必须经过研学指导教师的指导和评审。

第三，项目组考察和探究。在项目组完成前期的讨论、研究和分工后，最重要的就是去现场对研学资源进行考察和探究。在考察和探究的过程中，教师提醒学生一定要发现研学资源中有用的资源，并学会记录和处理信息。

第四，项目组结题。当项目组基于以上三个步骤进行探究之后，就可以实现初步结题。当然，探究式任务的表现形式可以较为开放，并不一定限制在文字报告中，可以是话剧，可以是海报，可以是舞蹈，也可以是小品等。形式越多样，学生的创造力和活力就越强，研学的价值也就越大。

研学旅行正处在大有可为的发展机遇期，但同时也处在发展的瓶颈期。突破瓶颈，实现发展，关键就在于研学课程的开发和实施。将更多先进的课程理念融入研学课程中，解决研学旅行中出现的各种问题，才能发挥研学课程的真正价值，实现研学课程在现有教育改革中的重要意义。

研学课程是以行走的方式展开学习的，其中最重要的是遵循教育性原则。要真正实现研学课程的教育价值和学习意义，教师一方面需要有强烈的课程意识，通过课程设计让研学真正具有学习的内涵；另一方面需要深刻认识研学旅行这种课程形式的独特性，认识到这种课程形式下“学习是怎样发生的”，从而更深刻地理解研学课程的自主性、实践性、开放性、生成性等特征，跳出固有思维，与学生共同进入一种新的学习模式。

第二节　课题研究的内容

一、课题研究的基本思路和方法

本课题研究首先以文献调查法、问卷调查法等方式了解目前珠海市中学研学旅行的实施状况与出现的问题；然后以实地调研为基础，了解研学地区的资源情况，初步探究开发与整合这些资源的路径与模式，在此基础上，通过行动研究法、叙事分析法等方式进行实践，再反思改进，进一步深化本课题的研究。在研究中采用的基本方法有：

（1）文献调查法。学习课程资源开发和利用的理论，借鉴他人研究成果。通过图书馆、互联网、文化局、档案局、方志馆等众多渠道搜索并梳理过往文献，从中选择重要和确实可用的资料按照适当顺序阅读，以文章摘录、资料卡片、读书笔记等方式记录和搜集材料。对准备利用的文献资料去粗取精、去伪存真，对其可靠性进行鉴别、评价，开发和整合符合区域实际的历史文化课程资源素材。

（2）问卷调查法。采用多目的抽样调查法，了解学生对本土历史文化知识的兴趣和认知程度，分析研究教师和学生对开发和利用本土课程资源的观念与态度，以及市直属学校与区属学校开发与整合历史课程资源的途径的差异。

（3）行动研究法。行动研究法是将科学研究者与实际工作者的智慧与能力结合起来以解决实际问题的一种方法。教师和学生共同参与历史文化课程资源的开发与整合的实践活动，注重研究过程与行动过程的结合，强调课题研究过程的反思，及时发现问题、解决问题，逐步探索开发历史文化课程资源的有效途径及方法。

（4）案例分析法。通过对历史教师的教学案例分析，寻找研学旅行课程设计与开发的有效模式。

（5）叙事研究法。教师通过叙述自己遇到什么问题、怎样看待问题和怎样解决问题，达到反思自己、提升自己的目的。

（6）访谈研究法。主要通过访谈历史教师、历史见证人、文博工作者等来寻求本土历史文化课程资源开发和整合的策略。通过对学生的问卷调查，统计学生对研学旅行活动的兴趣、爱好等，并制定相关的活动策略。同时还可以结合问卷调查的开展情况，有针对性地走访一些教师和学生，进行更深入细致的调查，掌握更加具体翔实的信息。

（7）经验总结法。在研究过程中要及时进行总结归纳，通过案例、课件、课堂实录、学生成果、论文集等形式呈现课程资源，再对课程资源进行整理、筛选、提炼、完善。通过归纳总结，得到最优的课程资源，以体现历史文化课程资源的区域性特色。

通过观察学生对参加研学旅行活动的反应，来了解学生对研学旅行的态度和兴趣，在课程设置中进行有针对性的回应。

二、本课题的主要研究内容

（一）珠海市学生研学旅行现状调查

通过调查问卷、访谈等方式，了解珠海市学生参与研学旅行的意向、情况、困惑、建议等方面的信息；了解推进珠海市学生研学旅行时面临的困难等。在此基础上总结珠海市学生研学旅行活动的现状，并针对现存问题探寻解决问题的策略，为下一阶段有的放矢地设计研学课程做好准备。

（二）研学旅行的精神内涵

学习历史，了解国情，热爱和继承中华民族的优秀传统文化，逐步形成对国家、民族的历史使命感和社会责任感，培养爱国主义情感，树立为祖国现代化建设、人类和平与进步事业作贡献的人生理想；加深对历史上以人为本、善待生命、关注人类命运的人文主义精神的理解；培养健康的审美情趣，努力追求真善美的人生境界，确立积极进取的人生态度，塑造健全的人格；培养坚强的意志和团结合作的精神，增强承受挫折、适应生存环境的能力；树立崇尚科学精神，坚定求真、求实和创新的科学态度；认识人类社会发展的统一性和多样性，理解和尊重世界各国、各地区、各民族的文化传统，汲取人类创造的优秀文明成果，进一步形成开放的世界意识。

（三）研学旅行资源的开发与整合

通过实地调研，了解西安、上海和北京三地独特的研学资源，对这些资源进行分类，探索其与学科教学的结合点；在实地调研的基础上，探寻三地资源整合的原则，包括如何选取合适的资源、如何结合学生的实际学情与“最近发展区”对资源进行取舍、如何将资源有机地与学校教育相结合等等。

（四）研学旅行课程的设计与实施

思考以下问题：

（1）研学旅行课程目标的设计，在宏观目标上，如何与国家培养人才的目标相结合？在具体目标上，如何设计可评价与可操作的具体任务，促成学生在解决问题、完成任务的过程中，实现学科核心素养的习得与综合实践能力的提升？

（2）研学旅行课程实施过程中，采用何种策略实现课程目标？从下列方面思考：怎样将研学旅行资源转化为学生的经验，怎样让学生在完成任务过程中运用多种学科知识解决实际问题，如何在体验创新中提升学生的规则意识、文化意识，习得关键技能，等等。

（3）在研学旅行课程实施过程中如何结合跨学科的视角、理论与方法，整合历史、地理、语言等学科的内容？

（4）如何构建研学旅行课程实施中的学习机制，即在具体的研学情境中，问题如何激发学习的发生，怎样的问题设置才能激发学生的求知热情，促使其将自己所学知识运用到具体研学情境中？

（五）研学旅行的行动研究

教师在组织研学旅行的过程中总结有待改进之处，如学生选题的设置、研学旅行资源的选择、路线的设计等等，不断改进方法，研究研学旅行中任务设置的原则与方法，研学过程中的策略与注意事项等，最终探索出研学旅行实践模式。

（六）研学旅行的评价机制探索

评价共同体的构建，包括评价人员的选择，确定不同评价人员在评价体系中的作用；评价形式的选择，如学生展示、作业展示等；评价项目与评价细则的制定；等等。

（七）研学旅行的教学设计

分别从研学旅行的准备阶段、内容选择、任务设计、师生互动、具体实践等环节入手，全面和多方位探讨任务驱动教学法下研学旅行中的教学设计途径和技巧。

（八）“互联网 +”时代下研学旅行的教学设计与实践

主要探索将信息技术融入研学旅行中的原则、注意事项；在“互联网 +”时代下怎样合理运用信息技术设计出研学旅行任务；如何运用信息技术对研学旅行成果进行展示、评价；等等。

三、本课题的理论创新程度

（一）研学课程特征明显

与学校其他课程相比，中小学研学旅行课程有其独特的特征，具体体现在以下三个方面：

1. 学习情境的真实性

传统课程的学习方式多为接受式学习，其学习情境大多局限于课堂的有限空间，而且多为模拟、假设的情境，集中于课堂教学的导入阶段以及联系生活部分。而研学旅行课程不同于传统课程，其对教学情境以及学习情境有着较高的要求。据之前归纳得出的研学旅行课程的概念可知，研学旅行课程的情境并非人为创设所得，而是包括课外、校外的空间与资源。大自然、社会为研学旅行课程提供了丰富的真实情境，使得情境学习始终与研学课程相伴。

2. 学习内容的综合性

传统的学校课程以学科课程为主，所学内容也为某一学科单一的系统性知识。而研学旅行课程突破了学科课程的界限，融多种学科于一体，将与研学主题相关的课程内容整合在一起。一方面，研学主题中的活动有利于学生对所学学科知识的巩固与综合运用。例如，参观北京航空航天大学时，在专业人士的指导下，学生与同伴交流合作，共同制作航模，从而巩固了课堂所学的物理、数学等学科知识，并实现了学以致用。另一方面，学生能够接触并领会到课堂以外的综合性内容。例如，在参观科举博物馆时，博物馆的一些牌匾等涵盖了相关的文学常识和历史典故，这有助于学生同时学习多种类型的学科内容。

3. 思维培养的整体性

传统课程的学习着重于系统知识的掌握以及逻辑思维的形成，但是，它往往是对固有知识技能的直接接受，因此是一种纯粹理智参与的活动，学习过程不需要其他任何实践活动的参与就可以完成。而在研学旅行课程中，学生需要全身心地投入，真正做到用心去感悟，动手去操作，动脑去思考，其中不仅包含了逻辑思维等智力因素，还融入了情感体验与兴趣养成等非智力因素，从而使学生达到多种感官同时使用之境界，有助于学生智力、情感、意志、能力的展现与发展，最终促进学生的整体发展。

（二）开辟综合实践活动课程新范畴

与综合实践活动课程相比，研学旅行不仅具有综合实践活动课的自主性、开放性、探究性和实践性等基本特征，而且是一种研究性学习和旅行体验相结合的校外教育活动，更加注重“学”，重视课程内容，更加强化其深刻的教育意义。研学旅行能更有效地强化学生与生活的联系，促进学生对自我、社会和自然之间的内在联系形成较深刻的认识，丰富学生的学习方式，促进学生主体性的发展和健全人格的塑造。

1. 丰富学习方式

研学旅行让学生从生活中选择感兴趣的主题和内容，注重学生对生活的感受和体验，强调学生的合作交流和实践探究等能力，使以往大多局限于课堂的教学发生了根本性改变。这种方式的加入，不仅丰富了学生外在的学习方式，而且丰富了其内在的学习方式，特别是思维方式。因为学生在面临研学旅行的实际问题时，不仅需要收集感性材料，而且要迅速将之加工，转化成理性认识，否则就难以解决问题。其中，分析与综合、归纳与演绎等思维活动是必不可少的。

2. 促进学生主体性的发展

研学旅行活动让学生自己当家做主，因而使他们的主体作用得到了较大程度的发挥。研学旅行的路线、主要活动内容、经费筹措与使用、小组的建立、各个参与者的权利与义务等等，都由学生自己决定。其中包含着的自愿、自决、自省与自律等原则，使学生真正体会到了他主性与自主性的辩证关系，明白了自主不是“为所欲为”，不是“自我中心”，而是在合理范围内既有利于自身发展又有利于他人发展和社会进步。

3. 塑造学生健全的人格

人只有从内心体验某种价值，并产生认同、敬畏、信任或拒绝、厌恶、羞愧的情感，才谈得上进行了道德教育，而研学旅行为学生提供了一个道德情感激荡的机会。研学旅行让学生走出校门，游览自然风光，瞻仰革命圣地，考察社会民情，走进博物馆、博览会，用眼睛去观察，用心灵去感受祖国大好河山的壮丽，体会中华文明的博大精深，了解祖国改革开放取得的伟大成就，在潜移默化中激发学生对祖国的热爱之情，增强学生的民族自尊心、自信心和自豪感。此外，研学旅行更是一种使精神得以“升华”的文化活动。观光游览或访古问今，更能激发学生的集体主义、革命英雄主义和爱国主义精神，有利于引导学生追求人生和社会的美好境界，形成完美的人格。

四、本课题的实际应用价值

研学旅行是在自然情境中进行的实践类课程，具有高度的综合性。一方面，在课程施行过程中，学生并不局限于某一学科知识的运用，而是综合各个学科中的知识，运用相关学科知识解决问题。学生平时在课堂上学习的都是理论知识，很难有机会将知识运用到实践当中，而在实际的活动中，学生可以巩固并运用这些知识来解决研学问题。另一方面，在真实情境下的活动中，学生可以学习到更多的课外知识，而这些知识包含了语文、数学、科学、美术等学科，有利于克服传统课程学习的封闭性，同时也可以帮助学生掌握科学研究的思路和方法。

（一）关注“知行合一”

研学旅行将学科课程内容与课外真实情境相连接，学生将所学学科知识内化于心，形成自身的认知结构，并在研学主题相关活动中进行理论与现实的对照，发现理论学习的不足，利用现实的感受和经验去补充并完善所学理论。此外，学生在自然中探索，在社会中实践，在活动中学习，在运用所学知识的同时获得了知识课堂所缺失的真实情境体验，升华所学学科知识内容，进而达到对课堂知识的反思、巩固、运用与超越。

（二）回归“生活世界”

“生活世界”这个概念最早是由奥地利著名哲学家胡塞尔提出的，他把生活世界分为“日常生活世界”和“原始生活世界”，前者是以知、情、意等知觉经验和各种趣味、情感、目的为主要内容的生活场所；后者则是主观的先验世界。胡塞尔所说的“回到生活世界”是指直接地回到日常生活世界，间接、最终回到原始生活世界。教育的本质功能是育人，实现个人价值，促进个体的全面发展，因此在教育教学中关注学生的主观精神世界极其重要。教育的对象是人，是现实生活中的人，而“人的本质是一切社会关系的总和”。因此，不管是学习生活还是社会生活，学生总要与其周围的人、环境产生交集。杜威从生活来看教育，陶行知从教育来看生活，他们都强调教育与生活相融相通。因此，教育回归学生的日常生活尤为重要。教育回归生活并不是回到原点，不是胡塞尔所说的客观的日常生活和先验世界，而是生成性、创造性、超越性的回归，是使教育世界获得更深刻的生活基础的回归，是融合了学生主观经验与客观实践的“主观愿景世界”。

研学旅行的最大特点是学习情境的真实性，即在真实的自然情境中施行的课程，注重在生活中教育、在自然中教育、在社会中教育，主张教育教学要紧扣学生的生活。在具体的课程实施中，学生个体的主体性更受关注，其作为人的自我实现价值更加凸显。课程丰富了学生的主观精神世界，增加了其所必需的生活经验。研学旅行课程学习的真实情境与学生个体性的发挥使学生越来越趋向于“完满的人”，即让学生个性得到极大的发挥，教师对其学习状态较为满意，家长对其学习效果较为赞赏。此种情况下，学生的“日常生活世界”与“主观精神世界”达到高度的融合与统一，学生的“主观愿景世界”得以形成。

（三）注重综合学习

综合学习是以“学会生存，学会学习”的结合为目标，以学习者的兴趣需要为内部动机，在学习中不受学科分类的束缚，通过调查、实践、亲身体验等过程综合地运用各学科的知识和技能解决问题，以促进学生的学习与发展的生产性学习。综合学习最大的特点之一是不受学科分类的束缚，但是，反观当前的学校教育，最大的问题就是学科之间的相互分离、相互孤立。应试教育背景下，各学科知识在学生头脑中处于相互分离的状态，学生不会去想如何整合这些不同门类的知识，甚至不知道怎样使之结构化、整体化。这就限制了学生包括问题解决能力在内的综合实践能力的养成。综合学习这一新型跨学科式学习方式可以使学生将在各个学科中获得的知识、技能等相互关联，从而提升其思考力、判断力。

第三节　课题研究的资源分析

一、乡土资源

南粤古驿道是非常宝贵的资源，历史上珠海市有四条重要的古驿道，其中凤凰山内一共修建过三条古径，分别是凤凰山古道、长南迳古道和古鹤古径。岐关公路和沿海国防公路修通后，这三条古径就渐渐荒废了。从宋代到清末民初数百年的历史中，这些古径曾是从广州、东莞等地前往珠海、澳门的必经之路。

1. 凤凰山古道遗址

遗址位于香洲区香湾街道神前社区凤凰山上。凤凰山古道是宋代古官道，是宋朝官员避难的必经之路。据记载，该古道在明嘉靖十三年（1534年）已存在，全长约 20 千米，为凤凰山上最古老的官道，该遗址为研究明清时期当地的交通状况、地区面貌和环境变迁提供了实物材料。周边遗址及村落有：上栅大观桥、杨寮迳烽火台、凤凰山石亭、大镜山摩崖石刻、华前摩崖石刻、百峒溪摩崖石刻、凤凰洞摩崖石刻、银坑银矿遗址、翠亨村、杨寮村、东岸村。

2. 长南迳古道遗址

遗址位于高新区唐家湾镇官塘社区至前山东坑村，清雍正三年（1725年）重修。古道呈南北走向，由唐家湾镇官塘社区至前山东坑村，穿越凤凰山，南北全长约 5000 米，官塘至前山东坑分界处长 2000 余米。长南迳古道是古时候上栅、官塘等村民往来于前山、澳门的主要通道，也是研究清代香山北部地区与澳门之间交通发展史的重要实物资料。周边遗址及村落有：长南迳古道（石溪）摩崖石刻、普陀寺、凤凰山革命烈士陵园、陈芳家宅（全国重点文物保护单位）、东坑白马中队抗日活动遗址、梅溪石牌坊、梅溪陈氏大宗祠、梅溪碉楼、官塘贞女祠、官塘佘氏大宗祠、官塘村、东坑村、会同村。

3. 古鹤古径

古鹤古径是三条古径中最不为人知的一条，起于香山县城（今中山石岐），经过三乡、雍陌、古鹤到达前山的古鹤古径，是岐澳古道的一部分。这条古径起源于唐宋时期，是当时中山石岐到珠海的必经之路。

4. 岐澳古道

这条有着百余年历史的古道是近代中山通往澳门的交通要道，它曾是繁荣一时的贸易通道和官道，被誉为“中山丝绸之路”，曾是连接内地与澳门的纽带和桥梁，林则徐禁烟时也曾沿岐澳古道前往澳门。

图 1-3-1　珠海古驿道图

南粤古驿道是最近才进入人们视野的古代遗迹，自然人文资源丰富，景色优美。游人既可徒步穿越凤凰山，感受徐徐海风，又可漫步古镇古村落，捡拾远去的旧时光。让学生走走这些驿道，了解驿道上出现的人、发生的事以及尚存的遗址，对他们了解古代、近代的珠海历史，增强了解家乡、热爱家乡的意识，都很有意义。

二、社会资源

研学旅行课题的开展不是由学校单方面完成的，需要社会力量多方推进。从目前研学旅行的开展情况来看，学校主要是带领学生去一些知名景点，这些景点多为旅游热点，开发时间长，很大程度上展示了中华文化和当地的风土人情。与这些景点有关的研究资料丰富，能够很好地与课堂教学相联系，成为课堂教学的有益补充。此外，学校还应当重视与博物馆、民俗馆、公园、科研机构等有公益文化传播能力的单位合作，为学生提供参加科普讲座和参观考察的机会。

案例：珠海市第二中学研学项目简介

为顺利开展驿道研学实践活动，珠海市第二中学充分挖掘和利用了校内外的非专业师资力量。学校与珠海市自然资源局领导下的珠海市规划设计研究院香山古驿道项目组合作，联合开展香山古驿道活动。活动邀请了下列四位专家：

1. 葛慧蓉

现任珠海市规划设计研究院政研中心综合研究所所长，高级工程师、注册城乡规划师。

自到珠海工作以来，葛慧蓉所长一直从事珠海历史文化保护利用方面的工作，先后参与了《南粤古驿道保护与修复指引（2018年修编）》、《珠海市驿路文化线保护利用规划与示范段详细设计》、《中山市岐澳古道保护利用规划及示范段设计》、《珠海市历史建筑保护名录》、《珠海市历史建筑保护规划》、《珠海市香山古驿道文化展示系统空间布局规划》、《珠海市历史文化名城保护规划》（在编）、《广东省传统村落珠海市南屏镇南屏村保护发展规划》、《珠海市城市历史文化保护与城乡特色风貌体系研究》等历史文化保护类规划编制与研究，并多次荣获省、市城乡规划设计奖。

2. 黎映宇

现任珠海市建设工程监理有限公司总工程师、吉林大学珠海学院客座教授、珠海市历史名人研究会会长、广东省南粤古驿道保护利用工作技术指导组组员、南粤古驿道保护修复专家。

黎映宇自到珠海工作以来，一直致力于珠海历史文物的普查与挖掘、保护与修缮工作，先后组织、参与完成了珠海中山公园、唐家三庙、共乐园、中山纪念亭、野狸岛唱晚亭和承曦亭等相关历史文化遗存的保护与修复工作。

同时，自2016年广东省开展南粤古驿道保护利用与修复工作以来，黎映宇先后承担了珠海长南迳古道、中山岐澳古道、河源粤赣古道、梅关古道、乳源西京古道等保护修复相关工作。此外，他曾先后受邀在南粤古驿道保护利用培训班、广东省高级职称评定面授班等培训中，讲授南粤古驿道的历史沿革、修复方法与案例分享，并参与起草了《南粤古驿道保护与修复指引（2018年修编）》，有效地指导了全省南粤古驿道保护利用工作。

3. 吴流芳

现任职于珠海市卫生学校，兼任珠海市博物馆文物征集顾问、珠海市城市建筑档案馆顾问、珠海历史名人研究会副秘书长、国际宜居城市（珠海）研究中心学术委员会委员、唐家历史文化研究会顾问。

在历史文化研究和工作方面，吴流芳主要从事珠海市博物馆文物征集和考古调察，珠海乡土、珠海宗族文化、珠海名人等研究工作。他曾参与编注《珠海历代诗词选》，编写上栅村史馆和会同村史馆展览图文，多篇文章在《珠海文史》刊登。其他工作方面，他从事了十多年口述历史音像摄制工作，累计接触口述人员近 200 人次，拍摄和制作了“广东省历史文化名村”申报片《走访会同村》，独立完成古元生平宣传片《人民艺术家——古元》的摄制和古村落专题片《岁月沧桑看上栅》的摄制。吴流芳还与中山大学历史人类学研究中心粤剧粤曲文化工作室联合拍摄制作了纪录片《平民老倌·罗家宝》，该片入选文化和旅游部非遗司在浙江象山县举办的“2019 年文化和自然遗产日非遗影像展”，并获评“评委会推荐影片”。个人累计征集文物和文献 2000 多件（张）。

4. 杨毅

珠海民进会员，目前担任珠海容闳与留美幼童研究会秘书长、珠海欧美同学会副秘书长、唐国安纪念馆副馆长。

杨毅自 1992 年 4 月到珠海工作以来，一直致力于珠海人文历史的挖掘、整理、普及与推广工作，通过影视制作、图书出版、场馆陈列布置、珠海文化宣讲服务等形式开展社会科学普及工作。

杨毅先后在《光明日报》、纽约《华侨报》等海内外报刊发表文章 30 多篇；参与拍摄《幼童》《百年留学》《珠海历史文化名人》等纪录片 50 多集；组织出版“容闳与留美幼童研究”丛书、“画说珠海历史名人”丛书、《珠海留学史（1840—1949）》等学术专著 24 册；参与容闳博物馆、唐国安纪念馆、珠海港澳流动渔民陈列馆等 18 家文博场馆的陈列布展工作；近年来，参与 580 多场政务接待，为 49 000 多人次提供珠海文化宣讲服务；个人于 2014 年 7 月获评“全国优秀社会科学普及工作者”。

专家讲座主题如下：

葛慧蓉：香山古驿道形成演变与规划设计

黎映宇：南粤古驿道历史沿革、修复方式与案例

杨毅：珠海市历史名人及其重要影响

吴流芳：口述历史的应用研究——翠微文化及古建保护探索

第二章
珠海历史文化研学活动与学科素养

第一节　如何选择研究课题

指导学生选题是研究性学习的首要环节，学生通过选择课题，能提高提出问题、研究问题的能力，接触和初步掌握选题的方法，训练从发散到收敛的思维，从而培养创新精神。课题组从以下两个阶段训练学生的选题能力。

一、第一阶段（2017 年 9 月—2018 年 9 月）

（一）开发选题课程

乡土历史文化是爱国主义教育的重要题材，珠海历史文化丰厚，运用乡土历史文化资源开展教育活动，有利于弘扬中华民族的历史文化，促进青少年健康发展。在 2017 年寒假，珠海市第二中学倡议高一学生运用乡土历史文化资源开展研学活动，进行多样化的粤港澳大湾区采风实践性学习活动，如探究、调查、访问、考察、录像、制作视频等。

根据课题组收集的相关珠海历史文化资料，把珠海的历史名人按所属地域划分为七个片区，形成七条线路，以供学生自愿组队选择。

第一条线路：唐国安（清华大学第一任校长）故居→唐家三庙→唐

绍仪（北洋政府第一任国务总理）故居→唐廷枢（近代史上著名的洋务买办）故居→共乐园→望慈山房。

第二条线路：文昌宫→白石街→苏兆征（中国工人运动先驱）故居→天后庙→古炮台。

第三条线路：卢慕贞（孙中山的原配夫人）故居→蔡昌（民国时期著名实业家）故居→蔡氏宗祠→礼和小学→会同村古巷→栖霞仙馆→古元（著名版画艺术家）故居。

第四条线路：愚园→徐润（近代早期民族工商业的创始人之一）故居→吴健彰（前山翠微争议名人）故居→苏曼殊（半僧半俗的文化奇人）故居→简氏宗祠→梅溪牌坊→陈芳（近代华侨领袖）故居。

第五条线路：杨氏大宗祠→杨匏安（华南地区系统宣传马克思主义第一人）故居→甄贤学校→容闳（“中国留学生之父”）故居→容星桥故居。

第六条线路：排山村→网山村→南门村→接霞庄。

第七条线路：岐澳古驿道→澳门关闸→镜湖医院→中西药局→孙中山纪念馆。

然而，开学后收回的作业不如人意，尤其是学生没有认真选择课题。

表 2-1-1　学生自愿组队选择的课题

序号	姓名	班级	类别	课题名称
1	符影、王育武	高二（18）、（19）	PPT	唐家古镇
2	赖颖文	高二（22）	PPT	走访北山
3	张晓儿、李润怡	高二（22）	Word	南屏
4	刘婉莹、黄小琴	高二（22）	Word	唐家古镇
5	王舒蔓、肖腾浩、杨玲丽	高二（22）	Word	淇澳
6	黄幸茹、何尔茵	高二（20）	Word	斗门古镇
7	翁嘉徽	高二（19）	Word	珠海古村

（续表）

序号	姓名	班级	类别	课题名称
8	王铃慧、吴宛珏	高二（22）	PPT	唐家古镇
9	叶嘉嘉、林晓晴	高二（19）	PPT	南屏
10	廖荣、杨茜、钟韵	高二（18）	PPT	南屏
11	赵美盈、李思敏、宋佳宜	高二（20）	PPT	三灶
12	李梓瑜、许丽敏、安然	高二（17）	Word	唐绍仪故居
13	许灿坚	高二（18）	PPT	唐绍仪故居
14	陈慧霞、郑嘉颖、林海祺、冯钰珊	高二（21）、（19）	Word	斗门古镇
15	钟亮、曾亚琼、石玉莹	高二（17）	Word	杨氏大宗祠
16	张晓儿、李润怡	高二（22）	Word	南屏
17	刘钰坤	高二（17）	PPT	唐绍仪故居
18	苏卓俊、于谨源、郑家明	高二（21）、（18）	MP4	唐绍仪故居、愚园

（二）分析存在的主要问题

我们让学生根据自己的兴趣选取或自定课题，虽然给了学生一定的范围，但实践中我们看到，范围太宽容易造成学生在选题时失去方向而变得过于随意。因此，我们需要进一步探索与研究如何指导学生选题。

教师以讲座形式对学生进行选题方法的辅导，启发学生学习选题的一些方法。

我们在学生实践之后展开了这样的辅导：什么是课题？一个课题应包含哪些内容？什么样的课题才是好课题？首先给学生推荐一些好课题例子，再组织讨论：怎样的课题才算好课题？由学生归纳得出一个好课题应具有这些特点：有鲜明的时代特点；新颖，有创新精神；有自己的特色；符合科学规律，可行；能解决实际问题，有社会意义。总的来说，有意义、科学、切合实际的课题才是好课题。

（三）改进选题

我们从以下方面具体指导学生：

（1）收集相关的珠海历史文化资料作为背景材料向学生展示，以深厚的文化底蕴感染学生。组织学生走进古镇古村，察看村容村貌，调查访问，聆听名人故事。让学生参与当地文化活动，通过走访、记录、拍摄等方式获得选题材料，感受古村的风土人情，学习优秀的家风家训，体验珠海的历史文化，激发爱国爱乡的情怀，增强传承和弘扬珠海历史文化的使命感，提高社会实践能力。

（2）将近年来我校学生以“珠海历史文化”为主题的研究性学习作品整理好，以系列展板的方式向学生展示，以精彩的范例鼓舞学生。把本校近年来学生研究性学习的优秀成果刻录成光盘再发给学生，让他们学习当中的选题方法，参考其中的选题题材，然后酝酿自己的选题，这样对于引导初次接触课题选题的学生起到了良好的效果。

（3）为了改变选题过于宽泛的情况，我们对选题指导工作作了改进，列出主题，让学生确定研究方向，然后提出自己（本小组）的研究项目。

梳理珠海近代历史名人材料选题可以按以下分类：

以内容可以分为四类：一是清末留美幼童，如唐绍仪、唐国安；二是商界精英，如莫仕扬、唐廷枢、徐润、蔡昌；三是革命先驱，如林伟民、苏兆征、杨匏安；四是文学艺术名人，如古元、苏曼殊。

以社会文明发展变迁分为五类：一是文明的融合，例如容闳、唐廷枢、徐润；二是文明的反思，例如蔡昌、莫太古、唐绍仪；三是文明的路口，例如苏曼殊、陈芳、钟宝；四是文明的创新，例如杨匏安、苏兆征、林伟民；五是薪火的相传，例如古元、唐国安、容国团。

以名人故居分类，可以分为寻访陈芳、唐绍仪、唐国安、唐廷枢、苏兆征、容闳、古元等名人的故居。

（4）指导一些必要的选题方法。研学的选题范围是开放性的，在前面的阶段，学生已提出了一批有待研究的问题，但并不是所有问题都去研究，而是选一个适合自己实际的课题去开展研究，这就需要选题。为帮助他们掌握选题的技能，笔者采用了下列做法：

首先尝试选题。让学生在他们所提出的问题中选一个作为自己的课题，也可以另拟定一个课题，但要求人人都要做。学生第一次所选的课题各式各样，有的很有见地、有个性，也有的脱离实际，普遍存在题目过大、研究范围过宽等现象。

其次引导选题。教师小结练习选题的情况，选出一些典型的作业（不记名）让学生比较。在介绍选题的时候应充分考虑各方面条件，扬长避短，量力而行。选题应遵循的选题原则有：可行性原则——有兴趣，有把握完成；科学性原则——符合科学原理和事物发展规律；创新性原则——有新的视角，有特色。选题方法有：选有兴趣的课题——从自己的兴趣出发选题；选有把握完成的课题——从自己的实际能力出发选题；选有利于开展研究的课题——考虑自己有哪些有利条件；选社会热点课题——体现时代特点、社会意义。让学生反复练习选题，帮助他们掌握选题的技能。

二、第二阶段（2018 年 10 月—2020 年 3 月）

第四届中国教育创新成果公益博览会于 2018 年 11 月 15 日在珠海国际会展中心圆满闭幕。本届教博会共举办了 800 余场不同规模、不同形式的活动，其中“Hi China！中华文化日”5C 核心素养展示评选是其中唯一的受邀学生项目。当年度展示评选的主题是“走向未来的丝绸之路”。学生可选择与主题相关的任何合适的课题作为研究对象。珠海市第二中学组成了六支参赛队伍，分别参与了纪录片、戏剧、展板展览的角逐。

在当年 10 月接到比赛通知时，课题组老师和同学们就立即行动起来。

在比赛的筹备阶段，同学们在老师的指导下仔细研究了中华传统文化，其中特别对珠海本土的香山文化进行了探究，我们以项目式学习的方式引导学生学习选题。

项目式学习起源于美国，是一种以建构主义理论为指导，以小组合作方式进行项目规划及完成项目任务的学习方式。项目式学习主要有如下特征：第一，项目式学习有一个驱动性或引发性的问题，问题是用来组织学生活动和激发学生积极性的；第二，项目式学习有一个或一系列最终作品，并且作品的形态是多样的；第三，项目式学习关注的是现实世界中需要实践参与才能解决的问题，需要多学科知识的综合运用；第四，项目式学习强调学习活动中的合作，老师、学生以及涉及该项活动的所有人员相互合作，形成“学习共同体”；第五，项目式学习注重学生在过程中技能和核心素养的培养。项目式学习方式对促进学生的深度学习、培养学生的核心素养和21世纪技能具有重要作用。

依托乡土资源，激发爱国情怀。确立项目研究对象是项目式学习的起点，也是项目活动走向深入的关键，所以从一开始就要精心挑选驱动性问题。由于家国情怀是中华民族优秀传统文化的一个重要组成部分，所以在进行“走向未来的丝绸之路”项目研究时，我们提出了“如何理解与传承中国优秀传统文化”这一问题。但对于学生来说，只有在日常生活中形成对国家共同体的认同、热爱与维护，才能上升为更深层次的对国家的认同、热爱与维护之情。我们选择了富有特色的地域文化，即香山文化作为研究对象，并结合驱动性问题来组织和促进学生项目式学习的开展，主要是出于以下两个方面的考虑：

第一，研究对象接近真实环境，有利于激发学生的探索兴趣。

学生只有积极主动地参与项目式学习活动，才能在实践中促进家国情怀的培育，但是历史教材的内容往往远离学生的实际生活，导致学生探索热情不高，对国家的热爱之情也就无从谈起。所以，项目式学习内容的选择，首先要贴近学生的生活，才能使学生产生浓厚的兴趣。

珠海学生从小就生活在香山文化的氛围中，那些在中国从封闭到开放、从改良到革命、从传统农业到现代工商业、从文化交流到文化创新的近代化过程中出现的名人，是学生日常生活中有所耳闻的，如留美第一人容闳、华南地区最早传播马克思主义思想的杨匏安、搏击商海的第一位华侨百万富翁陈芳等，他们活动的历史空间就在学习者身边，他们的故事还在当地人民中流传，他们活动留下的历史遗迹历历在目，学生可以直接接触到第一手材料，并对其溯源、考证。

当教师将这些名人与学生教材上的内容联系起来时，学生记忆中的知识点就会变成活的历史，吸引学生去深入了解这些名人的故事，重温历史遗迹背后的历史。他们身上所具有的爱国、爱乡情怀，在艰难时世中逆流而上的拼搏精神，都能成为激发学生爱国情怀的隐性环境。

第二，研究对象接近生活的熟悉点，有利于寻找爱乡与爱国的结合点。

珠海作为“海上丝绸之路”的重要驿站，毗邻港澳，又是“海上丝绸之路”的发祥地之一，这段历史本身具有探索性和开放度，与它有关的话题常谈常新，具有持续讨论的意义和历史价值。教师可以引导学生将“中国优秀传统文化理解与传承”这一深奥的、本质的问题嵌入学生感兴趣的香山文化的情境中，将驱动性问题分解为对学生的思维和价值观有引领的挑战性问题。这些挑战性问题指向由爱乡而产生的对国家现实的思考，是学生承担社会责任的体现。

因此，在确定了大的研究方向后，教师启发学生将“丝绸之路”这个大话题拆解成许多小话题，再从小话题中寻找适合自己的课题，并思考用什么样的形式展现成果。最终学生经过自己思考，确定了如下课题：

表 2-1-2　学生在“丝绸之路”大话题下确定的课题

课题名称	依托历史情境	挑战性问题
潮起伶仃洋——走向新丝路的珠海人	中国近代早期民族工商业创始人之一徐润	位于对外开放前沿的珠海是如何走在探索的路上、前进的路上和“狂奔”的路上的
一路“芳”华——从香山埠到夏威夷	珠海近代著名侨商陈芳	珠海应如何充分利用血脉相连的华侨华人优势，建设“一带一路”的标杆
从凤凰山麓走来——莫氏家族扬名香江之畔	珠海古村落会同莫氏家族百年买办的历史	珠海如何促进对外贸易和文化交流
回眸那些年，那些事——从香洲开埠到大湾区腾飞	1909 年建设香洲商埠和 1930 年唐绍仪请辟中山港的历史情境	展望“一带一路”倡议下的珠海横琴自贸区的未来
交流、纽带与启示——从开放到跨越	中国“留学教育之父”容闳	近代中外文化交流对于当今有何启示

每个课题组从确认本质问题、历史情境到形成驱动性问题的过程，事实上就是将家国情怀所蕴含的对“优秀传统文化的理解与传承”和多种类型的情境建立联系的过程。

（珠海市第二中学　缪晓虹）

第二节　如何开展史料实证

珠海历史文化研学旅行课程目标：

（1）通过文献的查找，认识到史料是通向历史认识的桥梁。

（2）了解史料的多种类型，掌握收集史料的途径与方法；能够搜集网络上的相关材料，形成参考材料集。

（3）能够通过对史料的辨析和对史料作者意图的认知，判断史料的真伪和价值，并在此过程中体会实证精神。

（4）能够从史料中提取有效信息作为历史叙述的可靠证据。

珠海历史文化研学旅行课程开发思路：

史料实证是《普通高中历史课程标准（2017 年版）》提出的五大学科核心素养之一。众所周知，历史研究是在解读大量可靠的一手史料的基础上进行的，史料实证则是历史学科诸素养得以达成的基石，需要在历史教学中潜移默化地渗透：首先要求培养的是学生在历史学习与研究中必须具备的意识与态度，使学生有兴趣主动学习与研究历史，努力地重现历史。在此基础上培养学生通过一系列收集、区分、辨析、判断、提取的行为，掌握如何依靠有利的证据来建构自己对历史的认识与解释的方法，最终将之内化为学生在终身学习与发展过程中的精神与品格，落实立德树人的根本任务。

按照新课标的界定，史料实证包含两方面的内容：其一，学会对搜集到的史料进行辨析。这里的史料除了常见的文字史料，还包括实物史料（各类文物、古迹、遗址、建筑、碑刻、雕塑和绘画等）、口述史料和影像史料等。学生要能够运用所学知识，对史料中的历史信息进行整理和辨析，去伪存真。其二，在搜集、整理和辨析史料的基础上，运用史料去还原历史的细节、历史的主体和客体，多角度审视历史，为学生提供一种呈现历史原貌的态度和方法，在此基础上，学生能对史料进行深度的解读，提出自己的认识，形成科学的唯物史观。教师在指导学生以传统文化熏陶下的珠海近代历史名人的成长研究开发课程的过程中，结合高一学生的学情，在确定研究问题的基础上，引导学生学会搜集史料、辨析史料、运用史料，在解读问题过程中，建构历史脉络，由史而论，启发现实。

一、搜辨史料，建构历史脉络

中国台湾省东吴大学林慈淑教授指出:“历史知识是被建构出来的”，主张“历史要摆脱‘背科’的阴影，彰显它作为一门学科所具有的特殊的关照世界的方式，学生在学习历史的过程中，必得有机会去体验历史学家如何思考和论证”。因此，在历史学习的过程中，教师要为学生创造语境，而通过史料来建构历史，激发学生多角度、创造性地思考不失为一良策。通过史料来构建历史，可分“三步走”：一是史料搜集；二是史料分类与史料辨析；三是建构历史脉络。

第一，要求学生结合研学的内容，尽可能全面地搜集有关史料。史料的来源途径有多种，既有传统的工具书和文献搜集法，也有新兴的互联网检索搜集法。从学生的实际搜集情况来看，学生的史料搜集途径有六种:一是文献检索，如百度百科和维基百科中关于珠海近代历史名人的史料和故事；二是调查访问，如访问退休教师唐有淦；三是参观场馆，如珠海的博物馆、名人故居；四是观看影像；五是到珠海市历史资料室查资料，经过筛选，学生找到如下书目:《香山名人文化十二讲》《珠海历史名人》《珠海历史文化行述》《香山文化研究》《珠海历史名人与香山文化》《珠海历史回眸》《关于近代珠海历史文化名人的乡土口述史料》，以及“珠海人文风物丛书”系列等；六是到珠海市历史档案馆查找原始资料。其中，文献检索与调查访问是获得学习资料与研究历史常用的基本途径。

第二，要求学生学会对搜集来的史料进行分类整理。史料整理的具体路径是史料分类和价值判断。根据史料是否接近或直接在历史发生的当时产生，是否由当事人或目击者以及事实自身遗存的所保存下来的区别，史料又分成原始史料和非原始史料。运用史料作为证据来努力重现历史真实的具体路径，一般分为从史料中提取有价值的信息与利用史料进行质疑与实证两部分。

第三，要培养学生的批判性思维。教师指导学生对搜集到的史料进行辨别、分析、比较，对存在明显问题的历史叙述、解释、评价等提出质疑，在此基础上形成对历史正确而客观的认识，达到去伪存真、努力重现历史真实的目标。这一过程既彰显了史学求真的态度与实证的精神，也培养了学生运用史料进行实证的能力，更是学生发展核心素养中科学精神、学会学习等素养在历史学科学习中的具体体现。

如何引导学生的批判性思维呢？当学生对自己收集的资料产生疑问时，教师不能急于把答案告诉学生，因为把答案告诉学生以后，学生容易认为这是“唯一正确”的答案。同时，在学生遇到观点相反的史料时，教师应指导学生辨析不同性质史料的来源及其地位，并对其可信程度作合理的评估，最后得出自己的结论。

例如，在研究珠海的莫氏家族时，了解到莫氏祖孙三代连续担任英国太古洋行买办长达 61 年，此举不仅使太古洋行一度成为在华各洋行之首，也为莫氏家族积累了千亿财富，莫氏家族从无到有又从有到无的买办历程，正是中国买办阶层历史发展过程的完整写照。一部莫氏家族史，几乎等于一部中国买办史。其中两个版本的史料引起了学生们极大的探究兴趣。

资料：莫仕扬的英语到底好不好？（二手资料）

版本一：莫仕扬（1820—1879），名维俊，号彦臣，金鼎会同村人。早年在广州经商，精明强干，因商务所需，结识十三行洋人，粗通英语，熟谙洋务。清咸丰十年（1860 年）后赴香港经商。

版本二：莫仕扬（1820—1879），名维俊，号彦臣，香山县金鼎（今珠海市金鼎镇）会同村人。早年在广州经商，后在十三行英商某洋行帮工。能讲一口流利英语，精通洋务。清咸丰十年（1860 年），到刚开埠不久的香港发展，主要从事房地产及杂货生意，以低廉价格购地，造房出售，一进一出获利颇丰，很快跻身富豪之列。

应该如何看待这两则史料呢？教师提供了一系列问题让学生思考：

（1）两则史料在表述莫仕扬的英语水平时有何不同？

（2）这种不同怎样影响你对莫仕扬的评价？

（3）你怎样看待这样不同？

（4）从这两段材料中，你能够得出什么信息？

经过这四个问题的提示，这组学生讨论后写出了如下总结：

史料记载有所出入是极为正常的，重要的是如何看待。两个版本出入不算太大，重要的内容，如莫仕扬出生、死亡、奔赴香港经商的时间是完全相同的，而那些不同倒是极有意思。

（1）关于莫仕扬早年在广州经商时，到底是“商务所需”结识十三行洋人还是“在某洋行帮工”与洋人搭上线？前者可以推测莫仕扬处于较为主动的地位，后者可以假设是莫仕扬较为被动地接触身边的人。简单说来，字句记录不同，可能有着大不相同的理解。不过，两则史料均可看出：莫仕扬早年在广州经商，已与洋人有过接触，这体现了莫仕扬早年个人经历对他后来成为太古洋行首任买办有着重要影响。

（2）关于莫仕扬到底是“粗通英语”还是“能讲一口流利英语”，现在已经难究其事实了。出于严谨，在撰写研究报告时，采用“莫仕扬懂得英语”，虽然模糊但无误。从这两份史料得知：无论英语说得好与坏，莫仕扬都是会的，这恰好体现了莫仕扬经商优势之一，据此可推测：莫仕扬哪怕早年英语一般，但在办理洋务过程中英语水平应该会不断提升，到其担任太古洋行买办时，也许是“精通英语”的。当然，不排除使用翻译的可能。但进一步深究，他晚年应当是精通英语的，因为莫仕扬在九年买办过程中就聚集了大量财富，高金额的秘密交易经常假手于人，他是极为不放心的。

从学生的分析可看出，从质疑材料开始，到自主探究材料的差异，再到最后得到较为合理的解释，其批判性能力得到了加强。项目式学习的重心放在关注学生的思维过程、关注学生的思维层次上，不刻意强调正确答案，鼓励学生在恰当和更恰当的答案之中进行合理推理和评判，逐步培养学生分解问题并运用史料对所质疑问题展开论述的能力。同时注意，凡在论述过程中使用的史料，必须要标明出处、作者版本等信息，规范运用。

第四，引导学生分析史料、应用史料，构建和发展学生的历史思维。例如，第三课题组在研究珠海的莫氏家族时，收集到以下史料：

莫氏家族除了有钱还有什么？（二手资料）

资料一：随着太古洋行的拓展，莫仕扬也积累了巨额财富，不断输资纳官，光耀门庭。先后获诰授奉政大夫候选海边军民府加一级、诰赠朝仪大夫、诰赠通议大夫赏戴花翎、晋赠资政大夫等。

资料二：莫藻泉与莫仕扬一样，也输资报捐，曾衔户部主政、内务府郎中候选道加四级，诰授资政大夫正二品。

据族谱记载，1917 年，莫藻泉病逝。他在家乡立庙宇、修族谱、设仓济贫、植树造林绿化防灾、兴义学办学堂，至今成为美谈。

解读以上材料后，可以引导学生进行如下分析：在贸易过程中，莫氏积累了巨额财富。莫氏家族利用财富“输资报捐”的行为客观上为清政府提供了雄厚的资金。除此之外，莫藻泉利用钱财建设家乡的行为，不仅为会同村的发展提供了助力，还体现了莫氏家族的社会责任感。

资料三：莫氏家族的其他人

抗日战争爆发后，莫应溎积极支持抗战，曾组织“香港华人救伤队”携带大批医疗药物器械及捐款支持抗日军队。

中华人民共和国成立之初，莫应溎曾因在香港商会大楼升挂五星红旗而被港英当局驱逐回广州居住，出任广州投资公司董事，当选为广东省第一、二届人大代表，广州市第一至四届政协常委、第五届政协副主席。1985年，莫应溎被推选为《香港基本法》起草委员会委员。他支持儿子莫庆廉、莫庆节、莫庆忠回珠海投资置业，支持家乡建设。

莫氏祖孙三代在太古洋行60余年的努力，为洋行打下了坚实的经济基础。而莫氏后代莫庆廉兄弟一如先辈，身居香港，不忘家乡建设，改革开放后带头到家乡珠海投资置业，为乡亲们称赞。

在对以上史料进行解读的基础上，可以分析出以下内容：在不同的时期，抗战、新中国成立后、改革开放后，莫氏家族的人一直尽他们最大的力量报效祖国。哪怕被驱出香港，莫应溎也从未后悔挂中国国旗的行为。在这个爱国者的心中，中国的领土与尊严是需要捍卫的，他作为中国人是有义务去捍卫的——他确实是个商人，但首先，他是个中国人。这体现了他个人坚定的原则，展示了莫氏爱国主义精神。在家族不断发展的过程中，莫氏仍不忘故土，改革开放后带头回去发展家乡，体现了莫氏“先富带动后富”的社会责任感。

在分析史料，解读历史的基础上，应当引导学生应用史料，即结合史料思考历史对当代生活的启示，以史为鉴，进而形成独立的历史思维。例如在对莫氏家族的史料进行分析的基础上，可以引导学生思考并得出莫氏家族的事迹对当代的借鉴：莫氏家族的爱国原则与捍卫国家尊严的底线的作为，无疑是良好的标杆。这份需要固守的原则与底线，不单单在对外贸易中需要，更是每个人都应该有的。“一带一路”在对外走，中国国力也日渐强盛，越来越多普通的中国人也能在出国旅游的过程中给世界带去“中国人印象”。个人、企业，乃至国家间的沟通交流、贸易合作，不论是现在，还是未来，必须始终以坚持爱国主义为核心，赢大利的同时要有大义。莫氏家族“先富带动后富”的行为是一种社会责任感。现在的“一带一路”与其很像，不过它更多体现的是时代的责任感与使命感。中国作为发展中大国，积极发展对外贸易，与别的发展中国家平等互惠地合作，符合当今时代的要求。

二、史料实证，感悟家国情怀

珠海毗邻港澳，往往得风气之先。在近现代澳门开埠后，珠海更成中西文化交汇之地，故而涌现出了一大批有相当影响力的人物，他们与中国的近代化进程紧密相连。从容闳、黄胜、黄宽的留学欧美，到唐绍仪、唐国安、梁如浩、蔡廷干等 39 名香山幼童赴美求学，从徐钰亭、徐荣村、莫仕扬成为洋行的买办，到唐廷枢、徐润等变身为洋务运动的骨干，从陈芳成为华侨领袖和归侨典范，到侨商蔡兴、蔡昌兄弟的百货传奇，从唐雄、陈景华、容星桥、徐宗汉等人支持孙中山的革命，到苏兆征、林伟民和杨匏安等忠诚的革命者，从半僧半俗的文化奇人苏曼殊，到艺术大师古元，近代珠海可谓风云际会、英才辈出。

在中国从封闭到开放、从改良到革命、从传统农业到现代工商业、从文化交流到文化创新的近代化过程中，珠海名人在顺应时代潮流实现自己人生梦想的同时，也以自己的思想行动和独特的人格魅力，在中国近代化的运动中扮演着十分重要的角色。

但历史是过去的事情，学生需要了解、感受、体会历史的真实境况和当时人们所面临的实际问题，继而才能理解历史和解释历史。为此，我校教师在校本课程中，组织学生到珠海市图书馆的地方文献阅览室进行搜集史料的实践，进行选题教学，以确定要研究的珠海近代名人。与此同时，教师开设微课讲座，介绍史料的概念、分类以及搜集。这一过程培养的是学生的史料实证能力，它使学生认识到史料是通向历史认识的桥梁、史料具有多种类型，并且掌握搜集史料的途径与方法；使学生能够通过对史料的辨析和对史料作者意图的认知，判断史料的真伪和价值；使学生能够从史料中提取有效信息作为历史叙述的可靠证据；使学生在了解历史研究的核心方法的同时，通过对相关文献的整理、归纳与研究，加深对珠海历史名人在政治、经济、文化各方面建树的认知。接下来，老师指导学生运用社会调查的方法，通过调查问卷的拟定、实际调查活动的操作、调查数据的整理与分析、调查报告的撰写等步骤，进一步了解历史名人对当时社会产生的影响，并尝试引导学生从历史当事者的角度看历史。在这个过程中，学生不仅体会到科学精神，同时对这些名人的事迹也有了一定的情感共鸣。

文献的学习，使学生能够掌握一定量的史料，重现当时的历史环境，从近代化的角度认识当时的中国国情；调查活动的开展，为学生评价历史人物提供了多重视角，激发他们对家乡历史的自豪感；最后，通过调查报告的撰写，学生能整理自己的思路，得出自己对历史人物的评价，形成对家乡、对祖国的认同感，从而培育学生的家国情怀。

（珠海市第二中学　缪晓虹）

第三节　如何进行口述史研究

口述历史又称为口碑史学或口头史学，国际同行所指的“口述史学方法”，在中国称为“实地调查”。口述史学主要指一种收集和利用口头史料研究历史的方法和流派，是以口述史料和口述史作为主要研究对象的史学。口述史料是指以口述形式收集的史料，可以是录音形式，也可以是文字形式，但文字形式一定要有录音为依据。以口述史料为主编写成的历史为口述史。

口述历史的语义，涉及两个层次的意思，一为“口述”，一为“历史”。“口述”是相对于“文字”而言的概念，即通过一个人或一群人的口头叙述，来说明其生命、生活经验或生活故事，以累积资料文本的方式，为口述研究、重现历史提供资料的基础。口述历史着眼于时间的延续，又可以打破以往历史局限在公共领域范畴的偏差。而“历史”的概念牵涉到事件在何时何地发生、何人牵涉、如何发生的历史事实和历史经验，以及对这些历史事实所作的诠释及持有的观点。

口述史研究一般具有以下五个特点：

第一，口述能够纠正文字的偏见，生动形象，特别适用于表述人类生活中的各种基本联系。

第二，口述史重视的是重现历史，而不是单纯地解释历史。

第三，口述史所运用的口述史学方法，是一种独特的方法，口述方法是要将田野作业和书斋作业相结合，并且有一套国际通用的规范程序。

第四，口述史的研究工作可以多样化，不论以人物为中心还是以主题为中心，皆可以事前设计安排。

第五，口述史研究是一种富有现代性格的学术方式，可以对某些学术界上层的话语垄断提出挑战，因为普通的受访者和访问者都可以成为历史角色。

对于口述史研究来说，更加重要的是它所采用的研究方法、它的基本方法，即对研究对象的访问或访谈，其次是对口述资料的整理、诠释和讨论，最后才是理论的总结。因此，口述史也不仅仅是一种口述访谈资料收集的方法，它还是一种知识建构的主体。一般来说，人们对口述史研究的主要特征的理解有两种形式：一是将口述史视为对过去资料的收集而已，一是将口述史视为一种知识建构和历史诠释的主体。如果我们把这两种讨论整合起来的话，那么口述史既是一种资料收集的方法，同时也是一种知识主体建构的概念。

那么，如何撰写口述史的研究报告呢？撰写口述研究报告的过程不仅仅是一种真实的口述访谈经验的再现，同时也是一种研究与创作的过程。换句话说，研究报告的内容，不仅要像说故事般让人感动，也要让口述资料活灵活现，不能失真。实际上，口述研究报告的撰写融合了知识、经验与对历史意义的了解等多项因素。

值得说明的是，口述史研究问题的类型、目的、理论观点与口述资料收集方式等，都会影响口述研究报告撰写的内涵。无论研究者采取哪一种写作风格，每一个口述研究报告的内容，都应该包括五大部分：

第一，对课题的介绍与研究问题的提出，对访谈方法的设计，对访谈大纲、实际访谈过程的检讨，对访谈质量的评价。对主要受访者背景情况的简述，包括整体项目、项目背景及与访谈项目相关的事件，受访者职业文化、社区结构等情形。

第二，说明研究的目的和动机、研究专题的主要内容及其发展。这是由研究中的主要分类、解释及研究者代表性语句组成的概念集合体，是研究报告的核心内容，也是主要分析成果的真实体现。

第三，综合说明与研究有关的文献及与研究问题有关背景。

第四，说明研究方法的选择和运用；讨论在研究过程中方法运用的得失或不足。

第五，研究的结果与结论，主要的分析意见与理论观点。

案例：“寻找珠海的历史记忆——珠海历史名人口述史”课程设计

南粤古驿道曾是岭南联系中原的重要桥梁，它见证了岭南与中原地区的交流以及岭南文化的千年发展，是广东省宝贵的历史文化资源。2016 年以来，为贯彻落实习近平总书记关于文化自信和“让陈列在广阔大地上的遗产活起来”“留住历史根脉”等重要讲话精神，广东省启动南粤古驿道保护利用工作。珠海香山古驿道作为南粤古驿道的重要组成部分，不仅是连接中山、珠海和澳门繁荣一时的贸易通道和官道，也是密切内地与港澳地区血肉联系的精神纽带。随着珠海长南迳古道本体遗存修复、特色节点打造、文化空间展示、生态环境修复、标识系统建设等工作的完成，古道已成为市民游客感悟历史、休闲健身、旅游观光的好去处。在此背景下，珠海市第二中学审时度势，结合学生研学旅行实践课程，开展了古驿道相关历史文化研究与社会实践，但在这一现象背后存在着教学意义弱化和课程建设进程迟滞的问题。珠海市第二中学开发的“寻找珠海的历史记忆——珠海历史名人口述史”课程，通过具体的研学路线设计，让学生经历真实的探究、创造、合作与问题解决过程，拓宽了学生的学习空间，提升了学生的实践能力。

一、课程设计初衷

（一）依托平台，利用本土资源

随着粤港澳大湾区的建设日渐深入，“古驿道研学”“寻找珠海城市记忆”等活动也适时推出。珠海市第二中学作为国家级示范性普通高中，处在历史文化资源相对丰富的香炉湾畔，位于珠海中心城区的中心，学校周围集中了比较多的历史文化资源：古驿道就在学校的周围，那些在当地有着重大影响的历史事件和历史人物活动的历史空间就在学习者身边，他们的故事还在当地人民中流传，他们活动留下的历史遗迹历历在目。学生们做研究的时候，可以充分利用地域文化中丰富的历史资源，比如各种历史遗迹、名人故居等，也可以直接接触到一手的材料，使得学生可以摆脱学校和教师的固定思维，更多地进行自主的探究性学习。因此，要充分利用好身边的资源为教学服务、为教育服务，尤其是通过研学活动把包括古驿道等在内的一批文化资源用好用活，做到为我所用，为学所用。国家教育与高考改革也对此作了一些选修要求。

（二）研学实践，落实立德树人目标

国家高度重视中华民族传统文化的教育意义，并赋予其新的时代内涵。作为基础教育工作者，在新时代探索传统文化的积极意义，并将其与地方课程建设相结合，是一个新的思路。以学生身边的历史文化资源为教学资源，容易激起学生对家乡传统文化的认同感，从而顺其自然、水到渠成地达成情感教育的目的，也能陶冶学生的情操。因为爱祖国首先从爱家乡开始，爱家乡又必须根植于家乡的历史文化，渗透学科素养，厚植学生家国情怀，说到底就是立德树人。

（三）口述历史，开发校本课程

口述历史首先是一种历史研究方法，通过精心计划的对历史当事人或

目击者的访谈，来收集和研究有关个人、家庭、历史事件或日常生活的历史信息，将这些当事人或目击者的回忆和看法以音频、影像的形式记录保存下来，为后世所用。口述历史力争收集不同视角的信息，这些信息大部分都不在书面文献里。口述历史使学生以深度的、个人的方式与历史发生联系，提升他们的身份认知，帮助他们理解社会并诠释自己的经历，也是重要的代际教育和叙事教育手段，可帮助青少年理解共同的人性，理解每个生命的价值。

二、课程活动形式

研学课程作为跨界产物，多方联动参与是共识，学校、教育局、旅游机构以及其他社会部门和社会资源都会不同程度地参与其中。充分发挥不同机构的作用，互联互通，构建一个良好的研学旅行载体，有助于研学旅行课程的落实。

在开发与实施“寻找珠海的历史记忆——珠海历史名人口述史”这一课程时，我们借助许多不同的平台与资源，吸引学生去探索与实践。具体来说，有以下几个活动的形式：

表 2-3-1 “寻找珠海的历史记忆——珠海历史名人口述史”活动形式简表

活动形式	具体做法
1. 与研究性学习课程结合	收集长南迳古驿道沿线相关的资源，并以课堂 PPT、网络博客、微信公众号等形式展示，激发学生爱家乡、爱祖国的情怀
2. 与历史学科系列研学活动相结合	开展“唐家湾旅游资源调查”“珠海山场北帝城隍庙的研究”“石溪石刻文化调查”“寻访陈芳故居”“唐家湾传统建筑文化探究”“探寻珠海古村落——会同村”等研学活动
3. 与重大教育博览会会议展示结合	在 2018 年 11 月举办的第四届中国教育创新成果公益博览会上，珠海市第二中学组织了 30 名同学组成了六支参赛队伍，以珠海历史文化为研究内容，分别参与了纪录片、戏剧、展板展览的角逐，取得了两个一等奖、三个二等奖、一个三等奖的好成绩，并撰写了两万字的研究报告，积累了 15G 的影像素材

（续表）

活动形式	具体做法
4. 与课题相结合	1. 2017 年开展“运用乡土历史文化资源开展研究性学习活动”课题实践 2. “珠海市中小学校特色项目培育”（2016—2019 年），该项目每年形成一批历史文化体验类的活动成果，学生通过校本课程的学习，对乡土文化产生继续深入研究的热情
4. 与课题相结合	3. 2018 年“珠海近代历史名人文化校本课程开发与实施”课题，被珠海市教育局立项为重点课题 4. “珠海市中小学教学‘好项目’”课题，组织学生走进古驿道沿线的古镇古村，调查村容村貌、村落由来、历史遗产、民俗风情、名人故事、典型史实等

表 2-3-1 反映了这一课程在开发过程中对多方资源的整合，不仅充分发挥了本校的人力资源、学科资源优势，更拓展了活动的范围，教育行政部门及具有重大影响力的会议都成为本课程开发的目标。丰富多样的活动形式，不仅促进了学生知识迁移能力的培养，同时也加深了他们对家乡文化、传统文化的热爱。

三、课程框架设计

表 2-3-2 “寻找珠海的历史记忆——珠海历史名人口述史”课程框架设计

阶段	阶段目标	具体研学课程内容	备注
准备阶段	分组与培训	1. 社团“口述史”学社简介	出于可持续发展的考虑，我们一般选择高年级带低年级的组队方式
		2. 关于口述史料收集的理论和方法	
		3. 口述采访的技术及注意事项	
		4. 珠海历史文化概论	
		5. 珠海历史文化名人田野采访基本目标概述	

（续表）

<table>
<tr><th>阶段</th><th>阶段目标</th><th>具体研学课程内容</th><th>备注</th></tr>
<tr><td rowspan="4">第一期分组田野采访</td><td rowspan="4">根据珠海历史文化名人的地理分布，以自愿为原则，先选取部分重点人物，分赴珠海的四个点开展田野调查。目的在于有的放矢地让学生初步体会口述史的方法与田野采访的技巧</td><td>1. 珠海南屏镇南屏村、南坪镇北山村：主要进行容闳、杨匏安史料的收集</td><td rowspan="3">1. 采访的对象：珠海历史文化名人的后裔及族亲；对珠海历史文化名人有较深了解的珠海当地的文史工作者（主要是了解一些既往工作情况，及询问一些采访线索）；乡村的长者、地方上有一定地位的知名人士；随机采访，即对遇到的普通人的采访，有时是当地的教师、公用设施的管理人员，有时是随意选择的乡亲，有时是当地的外来人员</td></tr>
<tr><td>2. 珠海前山梅溪村：主要进行陈芳家族史料的收集</td></tr>
<tr><td>3. 珠海唐家湾淇澳村：主要进行苏兆征史料的收集</td></tr>
<tr><td>4. 珠海唐家湾镇：主要进行唐氏家族（包括唐绍仪、唐廷枢、唐国安）史料的收集</td><td>2. 采访指导：对于所有的采访工作，要求全部录音，并且有当场的书面记录。参加口述史工作的同学利用晚上的时间开展讨论，准备第二天的工作。在采访结束后，由参加口述史料收集工作的同学分别负责对口述采访的录音进行整理，形成原始记录</td></tr>
<tr><td>第二期分组田野采访</td><td>扩大田野考察的范围及文献资料等历史资源引用的范围，目的是进一步加深学生对口述史的了解</td><td>基本上与第一阶段工作一样，在访问地区上有所扩大，增加采访的对象，增加一些重点访问，在访问过程中让学生有机会体验参与一些家族活动，如清明节前后的家族活动等。此外引导学生搜寻一些民间文献调查，如族谱等</td><td>工作指导：因掌握的材料逐渐增多，可以尝试在此基础上将心得写成小文章</td></tr>
</table>

（续表）

阶段	阶段目标	具体研学课程内容	备注
第三期分组田野采访	针对前两期取得的成果，思考其中的不足，针对一些有待深入的问题进行重点采访	对一些重点对象进行多次访问。增加对历史文化名人研究者的专访，与已经取得的田野访问资料进行对比，并进一步丰富和充实口述材料	采访要点指导：突出重点，先保证项目要求上的完整性、代表性，同时工作上留有余地，以便在当前工作完成后，仍有继续调研和研究的可能
资料整理阶段	指导学生对前述阶段所得的资料进行整理	1. 将录音所得的音频形式的资料变成文字资料稿，但不改变具体内容，基本上以实录的方式完成，形成问答体的文字稿（1—2 周）	目的是使零散的知识结构化、系统化
		2. 将问答体的文字稿转化为以受访对象为主体的叙述体的口述文字稿，严格按照受访者表达的原意，只进行纯技术的文字加工（1 周）	
		3. 对叙述体的口述文字稿进行必要的考订，改正从声音转变为文字的过程中可能产生的误识、误植和由于记录者、整理者知识上的缺陷而造成的其他错误（1 周）	

上表展示了一次完整的、基于口述史的研学课程。在这一过程中，学生的能力得到了多方面的提高。

首先，在文化修养方面，对精心筛选出来的珠海历史名人的后代、亲人的采访，有利于学生近距离地接触这些名人的精神内核，培养学生的内在精神，激发他们追求更高更远的目标意识。

其次，通过采访经历及采访资料整理的过程，学生能够认识和发现自我价值，不断地开发自身的潜力，解决真实生活情境中遇到的各种问题，实现知识的迁移和能力的提升。例如，在整理资料的时候，面对一些方言，如何确定其意思？怎样才能最大限度保留被采访者的原意？纯技术的文字加工其界限在哪里？

最后，学生参与采访考察的过程，其实就是处理自我与社会的关系，养成现代公民所必须遵守和履行的道德准则和行为规范，增强社会责任感的过程。例如，采访名人后代、学者应持何种礼仪，语气、语言如何选择，这些都是学生社会性实践的重要方面。

总之，将口述史学引进中学历史课程，是适应新课改要求和核心素养落地的有益尝试，也是正在兴起的一种教学模式，它还需要漫长的一个探索的过程。但我们坚信，将口述史学运用于中学历史教学，有利于学生在掌握基础知识和基本能力的基础上，实现全面发展。

（珠海市第二中学　缪晓虹）

第四节　如何培养家国情怀

新一轮教学改革与课程改革正在积极进行，立德树人是历史课程的根本任务。学生通过历史课程的学习，形成历史学科核心素养，其中，家国情怀素养是诸素养中价值追求的目标。国家在推进课程改革时，鼓励历史教师加强课程资源意识，积极、充分地开发与利用各种历史课程资源，让课程资源更好地服务于历史课程目标的实现。地方史资源具有亲近性特征，将地方史资源融入学科教学，不仅有利于学生从宏观理解中国之“大家”，更可以从微观了解地方之“小家”，也为学生核心素养的培养提供一个新的教学思路。本论文将结合珠海市平沙镇地方史资源的整合与利用，从“整合资源”“用好活动”“理好关系”三个方面，谈谈高中历史课外教学中家国情怀素养的培养策略。

一、整合资源，建立健全课外教学有益的素材库

地方史资源是一个比较宽泛的概念。从广义上讲，地方史包括在该地发生的或影响该地的所有的历史；狭义上讲，就是在地方区域范围内发生过的事情。具体的载体有历史名人故居、历史遗址、历史档案、历史地理沿革、历史人物故事、历史当事人的口述等。因为载体较多，资源分布相对零散，所以，做好地方史资源整合有两个重要的前提：精确性与严谨性。

所谓精确性，是与广泛性相对的，就是要在充分了解当地历史的基础上进行与其有关联的地方史资源的收集。收集人只有先深入了解当地历史，才能在收集过程中做到心里有一条明确的主线，即其历史可上溯到什么时候，发展中又有哪些具有影响力的人或事，至今还发生了哪些变化，有何物证或人证可考，不至于让收集有疏漏、有遗憾。

所谓严谨性，是要对完成收集的地方史资源的有效性进行科学甄别。有些文化资源足够丰富，有文献资料与出土文物可以相互佐证，而有些材料如历史传说，可能暂时找不到相关佐证材料，因此需要严谨甄别。举个例子，1992 年在平沙大虎水井口出土的一批新石器时代文物和宋元文物（现珍藏在珠海市博物馆），证实了早在 4000 多年前这片土地就有远古先

民在活动，也证实了平沙及其附近一带海域还是宋元两军进行海上生死角逐的古战场。实物的出土是当时历史的具体反映，往往比二手史料（后来人的描述）价值高。

受限于课时安排与高中高考的压力，教师要最大程度地用好这些甄别完成的地方史资源，需要将其按教学上需求进行适当地归类与整合，以方便在教学中更好地提取与使用。一般而言，归类可按表现形式或史料价值分类，前者可分为文字（文献）资料、实物史料、口述资料等，后者可分为一手史料、二手史料等。

二、用好活动，促进家国情怀核心素养的落地

在历史的课外教学中有效地利用好地方史资源，离不开富有意义的主题活动。适用于高中阶段的课外教学活动形式有：手抄报、图片展、演讲比赛、知识竞赛、实地考察与参观、口述史研究活动等。

（一）口述史研究活动

口述历史研究是开展家国情怀素养培养的有效途径。北京大学杨立文教授在其《论口述史学在历史学中的功用与地位》一文中提到："口述史学或回忆录一般可再现历史的各个侧面，具体而生动，详尽而真切，给人提供丰富的感性材料。"口述历史记录着一个人（或一个群体）的经历和所思所想，受访者既是时代的亲历者，也是见证者。学生通过与受访者的交流互动，加深对受访者所述年代与叙述事件的认识，拉近学生与历史的距离。同时，受访者口语化的表述显得生动且通俗易懂，受到学生的喜爱。如以"走近平沙越南归侨"为主题的口述史研究活动，指导老师在活动前期，须从资料的收集、采访技巧、口述文稿整理等方面对学生进行口述史的治学方法培训。确定受访对象前，教师须对平沙华侨农场安置归国越南难侨的背景、受访者身份背景进行介绍。在访谈前，师生可以共同讨

论，制定好对受访者的访谈提纲，约定采访时间。学生在访谈后，结合访谈内容，借助相关资料进行研究与考订，形成完整的口述史文稿。最后在学习研究成果分享会上，由表现较为优异的同学进行心得体会分享，总结经验，指导老师对学生的活动表现进行点评。

结合地方历史找寻历史见证者，师生共同开展口述访谈活动，让学生主动参与到对历史变迁的探索中，不仅增加了学生课本以外的历史见闻，而且让学生从人物的讲述中体会到今天幸福生活的来之不易，这种互动与教育效果比传统课堂来得更加深刻与真切。学生从受访者的身上汲取到了精神养分，使得爱国爱乡情怀不是生硬生成的，而是自然而然的产物。

（二）实地考察与参观

博物馆、名人故居、历史遗址等均是学生可以走访与参观的活动场所。主要的组织形式有教师带领下的统一组织和学生自主考察两类。教师带领下的统一组织适用于人数适中的集体参观活动或学术专业要求较高的实践活动。学生自主考察的优势是形式、时间更加灵活，参与面更广。比起书本白纸黑字的记载与老师的课堂讲授，实地参观与考察给了学生可以触摸历史的机会，学生的体验感更强，留下的记忆更深刻。

以参观珠海市博物馆为例，博物馆第八展厅有模拟沙丘遗址场景的画面，沙丘遗址发轫于远古海洋文明时期，高栏宝镜湾、平沙出土的重要文物也珍藏在此展厅中。教师可以给学生布置相关的任务，如找出并记录好展厅中与平沙有关的展品，选取其中两件，为它们制作“名片”。任务布置是让学生在参观的过程中，学着将所学知识与现实实物联系起来，了解四五千年前海边渔民的生活面貌及大规模的海洋捕捞活动，感受珠海先民们的智慧与能力，避免考察活动变成学生盲目的行为。此例形式较为简单，完成难度较低，可以让更多的学生参与进来，以学生自主考察形式更为适宜。需要指出的是，教师在活动中要提醒学生活动的任务及目标，过程中还要跟学生强调安全问题。

高中阶段的学生有历史选考与学考之分，因此，教师在设计活动时还要注意按学生能力培养要求的不同，组织好相应的主题活动，以更好地培养学生家国情怀素养。比方说，手抄报、图片展、参观博物馆等是比较简单易行的方式，适合全体高一（不分选考、学考）学生参与。教师可以明确主题，引导学生结合本地地方史资源，亲自参与其中，在潜移默化中培养学生的家国情怀素养。而口述史类的项目式研究活动，则更适合高二历史选考生，本级段的历史选考生已接触了一些相关的史学研究方法，具有一定的史料实证、历史解释素养，学习时间上也相对比较宽裕，能保证有一定的时间投入项目式研究活动。高三历史选考生，学习时间上比较紧张，诸如地方史演讲比赛、知识竞赛等方式的活动，既可以缓解学生的学习压力，又可以普及相关的历史知识，对学生家国情怀素养的培养起到较好的促进作用。

三、理好关系，思考培养家国情怀素养的意义

随着课程改革的全面深化，各地区和各学校都在积极探索基于学科核心素养的历史教学方式和方法。在利用地方史资源培养高中生家国情怀素养的课外教学实践中，教师须注意处理好以下三对关系：

（一）处理好课堂与课外教学的关系

高中阶段，学生的历史学习以课堂学习为主，学生在课堂学习过程中逐步形成的具有历史学科特征的关键能力、必备品格，是师生开展课外教学的重要保障，而基于地方史资源的课外教学，不仅可以充实学生的历史认知，也能更好地激发学生的历史学习兴趣和爱国爱乡情感，两者相辅相成。鉴于高中学生学习时间相对紧张，课外教学应充分考虑参加群体所处的年级段，也要充分考虑活动的完成难易度、时间安排及课外活动的安全

问题。

（二）处理好教师与学生的主客体关系

毋庸置疑，学生是课外教学活动的主体，教师是课外教学活动的设计者与组织者，还是学生活动的指导者与评价者。主题活动设计中具体任务的提出，有助于增强学生自主学习与探究的意识，而老师适时的点拨能为学生的自主学习与探究添砖加瓦，尤其是在学术专业要求较高的活动中，更需要老师在方法上进行指导。能力的培养不是一蹴而就的，素养的达成亦如此，在坚持学生是学习活动的主体的原则上，辅以老师及时的点拨指导，将有助于更好地提升活动效果。

（三）处理好短期与长远目标的关系

家国情怀素养的达成是爱国爱乡情感的生成，通过地方史资料的学习，帮助学生认识爱国与爱乡是统一的。因此，教师在设计主题活动时要关注学生的情感体验，引导学生将学得的知识内容升华为情感认知。活动的起点是让学生有更多的机会去了解自己的家乡文化，通过这些富有感染力的地方资源，增加学生对历史的亲近感。但这也仅仅是个起点，洞察历史动态，揭示历史规律，感悟历史兴衰，传递历史经验，感恩家乡哺育，感念国家未来，才是活动的长远目标。

对中学生进行家国情怀素养培养，在核心素养体系中最能体现人文底蕴，是对学生核心素养的深化实践，但也是一项漫长而艰巨的任务。因此，从学生熟悉的地方史资源入手，从家到国，由浅入深、由近及远地逐步培育，成为我们落实家国情怀素养培养的重要途径。学生在探究历史的过程中，既增长了见识，又获得了保护历史、延续文明的方式和方法，进而将一句句“爱国爱乡”的口号逐渐落实到他们以后的学习生活中去。至此，历史教育才算实现从量变到质变，真正达到培养人的目的。

（珠海市第一中学平沙校区　林榕）

第三章
珠海历史文化研学活动的组织

第一节　珠海历史文化研学活动组织的基本流程

一、研学旅行的准备

（一）前期宣传:《致珠海市第二中学 2019 年暑期研学旅行学子的一封信》

亲爱的同学:

欢迎你选择研学旅行课程。本次研学，开启了一个个课题研究项目，你该如何研究才能获益最多?

【认知篇】研学打破了学科边界，在行走中实现知识和情境的交融，丰富我们与世界的联系。每一条线路都具有自己独特的魅力和价值，希望你能在行走中洞察，在触摸中感悟，在跨越中思考。

【课题篇】提出问题，回答问题，只是小成就；再进一步的课题研究，才是成长挑战的大舞台！思维不断发展的你，需要对感兴趣的课题进行更深的思考挖掘。于此，前行在深度扩展的学科世界中，你具备的思维和能力才能助力你更好地面向未来。组建团队—选定课题—寻找指导—规划方案—收集资料—实践探究—撰写成果，研学活动中的你光芒万丈!

【荣誉篇】我们的目标是有智识、有担当。对此，研学过程中我们会发现一个个卓越的你，对表现优秀突出的课题组进行嘉奖。

（二）前期宣讲

课题组于5月上旬集中开展暑假研学旅行的宣传工作，宣传内容主要包括研学旅行的意义、时间安排、报名方式等，并结合实际，选择北京、上海、西安三条线路进行研学旅行，并分别由曹立群、赵晓光和郭晓三位老师对三条线路的传统文化内容进行宣讲。

二、组建团队

课题组辅导学生进行分组研学，以6—8人为单位组建研学小组，每个小组都有各自的研学课题。学生分组按照自主组合的原则，学生按照自己感兴趣的、向往的城市的路线，在家长的指导下自愿参加。

三、指导选题

研学旅行是开展校外教育、落实核心素养培养的重要途径，研学旅行活动多在户外进行，涉及的教学资源与教学过程要比学校复杂得多。课题组成员对学生研学旅行课程主题进行规范化、合理化、系统化的设置，并经过反复论证研讨，筛选出一些适合学生开展研学旅行活动的课程主题供同学们参照选用。

学生研学旅行的选题范围是开放性的，如何指导高一学生选一个适合自己实际的课题去开展研究？为帮助学生掌握选题的技能，课题组老师采用了下列做法：

首先尝试选题。让学生在他们所提出的问题中选一个作为自己的课题，也可以另拟定一个课题，但要求人人都要做。学生第一次所选的课题各式各样，有的很有见地、有个性，也有的脱离实际，普遍存在题目过大、研究范围过宽的现象。

其次引导。选题方法有：选有兴趣的课题——从自己的兴趣出发选题；选有把握完成的课题——从自己的实际能力出发选题；选有利于开展研究的课题——考虑自己有哪些有利条件；选传统文化课题——体现时代特点、社会意义。让学生反复练习选题，帮助他们掌握选题的技能。课题组老师精心讨论，结合每条线路筛选出以下具体的课题供学生选择：

上海线路参考选题：

✧ 上海外滩万国建筑研究

✧ 上海建筑中的海派风格研究

✧ 城隍庙民俗文化研究

✧ 迪士尼乐园的历史由来及发展

✧ 乌镇的文化保护与旅游开发

✧ 西湖文化史迹——苏轼与西湖的故事

✧ 舌尖上的上海——海派饮食文化研究

✧ 上海弄堂文化研究

✧ 中国共产党早期在上海革命活动旧址寻踪

✧ 西湖十景拍照攻略

✧ “宋城千古情”社会效益与经济效益双丰收原因

✧ 寻找城隍庙正宗上海小吃

✧ 乌镇互联网产业研究

✧ 上海是中国经济最发达城市的原因

✧ 上海话研究

✧ 迪士尼旅游攻略

✧ 上海本邦菜研究

✧ 苏杭丝绸研究

✧ 上海游文化足迹

北京线路参考选题：

✧ 从清北名人看清北精神
✧ 北京故宫脊兽文化研究
✧ 北京故宫建筑中的天人合一思想——以“前三殿”为例
✧ 国粹京剧的艺术特点探究
✧ 古典诗词中“长城”意象含义分析
✧ 鸟巢、水立方赛后运营模式探究
✧ 颐和园牌匾命名背后的文化内涵
✧ 颐和园长廊彩画故事分类研究
✧ 京派建筑的典型——四合院的建筑格局及其体现的思想
✧ 故宫大门的门钉暗藏玄机，你知道吗？
✧ 琉璃瓦色彩等级研究
✧ 北京故宫、颐和园等古建筑屋顶的特点的研究
✧ 在中国建筑博物馆里研究古建斗拱的前世今生
✧ 中国国家博物馆攻略
✧ 清代皇帝“飨先农”的过程及意义
✧ 商周时期的国之重器——青铜器研究
✧ 北京游文化足迹

西安线路参考选题：

✧ 西安城市布局研究
✧ 窑洞研究
✧ 西安成为“六朝古都”的原因

✧ 西安碑林研究

✧ 钟鼓楼的建筑特点

✧ 从大小雁塔看秦代建筑风格

✧ 民风在城市文明中的作用

✧ 赏析一部秦腔的唱词

✧ 外国（或其他民族）文化对西安的影响探究

✧ 从西北特色美食看西安市井生活

✧ 西安古城区空间布局研究

✧ 西安市寺院分布情况研究

✧ 秦始皇兵马俑博物馆的游客行为与文物保护

✧ 黄河壶口瀑布开发现状分析

✧ 西安市民方言使用情况调查——以回民街为例

✧ 陕西黄土高原的相关研究

✧ 陕西服饰文化研究

✧ 从兵马俑看秦军的军制研究

✧ 关中方言研究

✧ 西安（陕西）文化研究

对于课题作出如下说明：

（一）关于课题

参与活动的学生，组成团队，确定与“在研学旅行中学习中华优秀传统文化”主题相关的课题，在选定的研究范围内，运用各种资料对课题进行研究。通过分析归纳资料，结合对历史规律更深层的理解，总结关于课题的历史意义和现实意义的结论。选择项目式研究、课程方案研究、活动案例等方式，呈现自己团队的研究成果，展示对于中华文化的理解与感悟。

（二）成果要求

1. 成果分类

项目式研究（研究报告 + 作品）：纪录片、手抄报、思维导图、视频……

课程方案研究（研究报告 + 方案）：研究目标、研究内容、研究过程、研究分享……

活动案例（研究报告 + 案例）：提出问题、事件记录、分析与反思……

2. 研究报告（必提交）

研究报告结构包含：摘要、关键词、正文部分（导言、论证、结论）、附录。

摘要、关键词：简要描述研究的主要内容。

导言：研究报告的写作目的。

论证：呈现一手和二手资料，并分析这些资料是如何支持论点的。

结论：阐述自己的观点，概括课题的历史意义和现实意义。

附录：列出所有对研究有贡献的资料，包含文献、影音资料、口头采访资料等。

字数：不少于 2500 字（不包括备注、参考资料、附录等）。

（三）重要说明

（1）“课题研究方向”仅仅是参考，不必局限于该目录所列的方向，可以根据自己的研究形成更加宽广的视野，发现目录之外的自己感兴趣和有价值的新课题。

（2）“课题研究方向”中的许多课题都是一个宏观的框架，只是提供了一个思考的方向和范围，学生应该从中选择一些具体而微观的课题深入研究，从而避免大而空洞的问题。所拟课题名称要与研究对象和内容相契合。

四、课题评价

研学旅行是一门活动课，应发挥评价的诊断、激励和改进的功能，有效地评价学生在活动过程中的表现，以促进学生探究问题、拓展知识、体验学习，培养创新精神和实践能力。在研学过程中有如下一些认识：

（一）能力比知识更重要——多元地评价综合实践

加德纳多元智力理论认为，每个学生都有可以发展的潜力，只是表现的领域不同而已。这就需要教师在以促进学生发展为终极关怀的参照下，从不同的视角、不同的层面去评价每一个学生，而且要促进其优势智力领域的优秀品质向其他智力领域迁移。因此，在对学生的研学实践进行评价时就要求评价内容、评价方法和评价主体的多元性。

1. 评价内容的多元性

以多维评价内容综合衡量学生的发展状况，为此我们还制定了研学实践活动综合量化评价表（见表3-1-1），体现了自主性、发展性与多元性的评价原则。

2. 评价方法的多元性

易于量化的部分，使用档案袋、研究成果展示的形式进行；较难量化处理的部分采用作报告（演讲、汇报）、答辩（交流、互动）的形式进行；还可以举行座谈会、小组讨论等。课题组老师通过参与各小组的讨论活动，更深入地了解各小组成员的态度、责任心、合作精神等。让学生走上讲台，将自己小组的研究成果展现出来，并且对老师和同学提出的问题进行回答，以此交流互动，同时通过综合量化评价表完成评价。

3. 评价主体的多元性

包括自我评价、小组互评、教师或家长评价等，力求体现评价的主体是学生，其余评价仅作参考。

（二）开花比结果更值得欣赏——全程地评价综合实践

评价要采集和利用与学生发展有关的评价信息，全面地反映学生的全部学习、教育的动态过程。所以，课堂教学评价不仅要注重结果，更要注重过程；不能只对学生的学习情况作简单的好坏之分，更应强调其形成性作用，注重发展功能。为了全面真实地评价全体学生的学业成就和学习潜能，要把教学过程与评价过程融为一体，最大限度地发挥评价对于研究活动的导向、反馈、诊断、激励等功能。评价的信息来源不仅仅局限在学生最后的成果上，而是拓展到了学生各种发展的培养空间（包括课外研究活动、社会实践等）。评价也不再仅由教师通过课堂内外的各种渠道采集学生素质发展的信息，而是教师设计各种评价工具，鼓励学生主动收集和提供自我发展的评价信息。

（三）今天比昨天进步——激励性地评价综合实践

学生是学习主体，要使学习活动有效、使教与学更富激励性，就要建立多元、全程、激励的发展性评价方式，这样才能有效地促进学生自主学习、乐于探究、勤于思考，使他们享受创新的快乐，走向成功。发展性评价承认学生在发展过程中存在的个性差异，承认学生在发展过程中存在的不同发展水平。评价是为了促进每个学生在已有水平上不断发展。发展性评价是对学生过去和现在作全面的分析，根据他们过去的基础和现实的表现，预测性地揭示每个学生未来发展的目标，使他们认识到自己的优势，激励他们释放自己的发展潜能，通过发展缩小与未来目标的差距。在评价中主张重视学生的学习态度的形成，重视学习过程和体验情况，重视方法和技能的掌握，重视学生之间的交流与合作，重视动手实践与解决问题的能力，归根结底就是激励学生的发展。

在成果交流过程中，每组都要拿出他们精心研究的成果。多数小组把他们精心制作的电子文本运用多媒体平台播放出来，随着画面、音乐的推进，一边展示，一边向同学和老师宣讲他们的研究报告或小论文，然后大家对他们的成果提出问题，并由该课题组成员答疑答辩。由于各组精心策划，每一个发言报告都能引发一轮轰动，不少作品题材新颖、图文并茂，充分表现了学生的创新精神，而且他们在交流中既展示成果，也分享了他们在研究活动中的甘苦。学生的交流还有一个共同点，就是通过社会实践懂得了合作的重要性，他们的每一项成果都是团结协作的结晶。我们让初选获胜的课题组都有一次以上的机会当众交流，由于一个课题的开展不是一次交流就能完成的，学生轮流当发言人，形成组内组外共同参与他们的学习过程的良好局面，当大家对交流的研究成果提出意见后，由该组回去修改、补充，提高质量。这样既对每一个课题的研究形成促进，对其余师生也是难得的学习机会。

表 3-1-1　研学实践活动综合量化评价表

学校：　　　　年级班级：　　　　姓名：　　　　研学时间：　　　　研学地点：

评价维度	参考依据	综合评价（赋分）			个人自评	同伴互评
情感态度价值观	1. 热爱祖国大好河山，珍视国家荣誉，践行中华民族传统美德，为祖国的发展进步而自豪。 2. 积极主动地了解国情历史、中华民族优秀传统文化、革命文化和社会主义先进文化，有强烈的文化自信。 3. 在研学点文明参观，不在历史文物上乱写乱刻，跟随队伍仔细聆听研学导师或工作人员讲解 （关键评估点：积极主动、服从管理、规范参观）	一般（15分）	良好（20分）	优秀（25分）		

（续表）

评价维度	参考依据	综合评价（赋分）			个人自评	同伴互评
自我管理	1. 遵守时间，参加活动时能按照规定的时间在规定的地点集合，安全防范意识强。 2. 遵守团队纪律，爱护公共环境，文明乘车，文明就餐，参加活动有序礼让。 3. 尊重、礼貌对待老师、研学导师、司机师傅及其他研学教育工作人员，服从统一安排，关心他人，友爱同伴，积极主动承担责任。 4. 能够独自整理自己旅行中所需的所有物品，不丢三落四，自理自立 （关键评估点：行为规范、尊师爱友、自理自立）	一般（15分）	良好（20分）	优秀（25分）		
研学实践	1. 学习态度端正，前期准备充分，研学过程中能用多种方法收集、处理信息，综合运用所学知识解决问题。 2. 实践探究活动中，主动参与尝试，勇于创新，动手操作并记录探究过程，在条件允许的情况下，能够将创意想法转化为成品。 3. 主动、认真地完成研学手册的填写，积极完成研学导师布置的研学任务，敢于发表自己的独到见解。 4. 精准并有效地运用电子技术应用展示分享自己的研学成果，如研学日志、作品、感悟、总结、论文等 （关键评估点：学会学习、科学精神、实践创新）	一般（15分）	良好（20分）	优秀（25分）		
团结协作	认真完成小组内分配的任务，积极主动地承担组内工作，有责任意识，不怕困难，思维灵活，积极交流分享，有策略地解决问题	一般（15分）	良好（20分）	优秀（25分）		

五、研学成果固化

通过组织相关的研学旅行活动，引导学生学会就个人感兴趣的领域开展广泛的实践探索，提出具有一定新意和深度的问题，综合运用知识分析问题，用科学方法开展研究，增强解决实际问题的能力，能及时对研究过程及研究结果进行审视、反思并优化调整，建构基于证据的具有说服力的解释，形成比较规范的研究报告或其他形式的研究成果。

为了进一步扩大2019年暑期研学旅行的成果，我校学生处联合研学旅行课题组于11月24日晚组织了2019年暑期研学旅行学生课题成果展示暨表彰大会。在组织学生集体参加有计划、有目的的校外研学实践活动的基础上，把课堂搬出学校，通过旅行实践、活动交流等方式认识自然和社会，在阅览风土人情中提升认知，达到“读万卷书，行万里路”的目标，并发挥研学旅行的育人作用。

2019年11月24日晚6：30，高二年级21个研学旅行课题小组的同学参加了此次研学旅行学生课题成果展示暨表彰大会，我校分管德育工作的付柏力副校长、学生处李立国主任、省级研学旅行课题主持人及成果展示评委主席缪晓虹老师，以及部分受邀家长出席了本次大会，大会由郑皓元和刘星雨两名同学主持。

大会第一项由省级研学旅行课题主持人缪晓虹老师进行研学总结发言。缪老师表示，此次研学旅行，同学们文明出行，在公共场合遵守秩序，做到心中有他人、心中有集体，代表了珠海二中学子的形象，也表现了当今青年良好的素养。在过程中，同学们学会了独立，学会了吃苦耐劳，在实践中锻炼了自己，学到了课堂里学不到的东西，开阔了视野，扩大了观察世界的格局。研学旅行不仅激发了同学们对民族文化与民族英雄的敬畏与自豪之情，更是培植了他们的爱国主义情怀，增强了他们的社会责任感和意志力，提高了综合素质。

本次研学活动包括北京、西安和上海三条线路，为了使学生更好地从本次研学活动中学到知识以及培养探究问题的能力，在缪晓虹老师组织开展的省级研学课题指导下，学生分成若干研学小组，每个小组都有各自的研学课题，缪晓虹等老师在研学旅行开展前进行开题指导，在研学旅行过程中进行资料收集的指导，在研学旅行结束后又指导学生如何将课题成果固化。

经过本次成果展示和激烈的角逐，最终“秦军兵种相关研究”“大小雁塔的前世今生”“About 迪士尼攻略”“何家村遗宝”“回民街美食传承的原因和历史来源探究”“故宫的建筑特点”等六个小组获得一等奖。

最后，付柏力副校长为本次研学旅行学生课题成果展示暨表彰大会作了总结发言，他对获奖的同学表示恭喜，大家的研学旅行课题成果有价值、有深度、有内涵、有质量。此次研学旅行从组织到实施，计划到位，组织有序，注意安全，注重礼仪，家校师生配合密切让此次活动安全、顺利、圆满结束，同学们收获颇丰。研学旅行既培养了学生的生活技能、集体观念、团队精神，又增强了学生的社会责任感、创新精神和实践能力。希望同学们利用假期走入社会，亲近自然，广开思路，因地制宜，更多地去开发和利用一些条件性的和素材性的课程资源，补充校内资源和文本资源的不足，在“行走的课堂”中探索、思考、寻找答案，让成长告别枯燥！

同学们在此次研学旅行中收获颇丰，在实践中学习，在研学中收获，不仅收获团结，也收获感恩。这不仅仅是一次研学，更是一次特殊的教育与挑战、一次不平凡的体验与成长。

以下是获奖课题、作品及其等级：

一等奖：“秦军兵种相关研究”“大小雁塔的前世今生”“About 迪士尼

攻略”“何家村遗宝”“回民街美食传承的原因和历史来源探究”“故宫的建筑特点”。

二等奖：“颐和园彩画特点”“北京故宫脊兽文化内涵”“故宫博物馆足迹”“秦兵马俑姿势对其保存的影响”“从清北名人看清北精神”“上海南京路步行街背景资料及商品介绍”。

三等奖：“乌镇的环境保护与旅游开发”“上海中外文化研究调查报告”“皇城古都”“故宫里那些萌萌的屋檐脊兽”“西安成为六朝古都的原因”“北京故宫、颐和园等古建筑屋顶的特点的研究”“沪杭印象”“从清北名人看清北精神”。

以下为评分项目及得分：

（1）展示的内容（目的、过程、心得）（20 分）

（2）展示形式的丰富程度（25 分）

（3）展示时间的控制（25 分）

（4）语言表达能力（20 分）

（5）上下台秩序及文明礼仪（10 分）

评分标准说明：

（1）本次评分共分为五项，每项满分不同，总分满分为 100 分；总共有九名评委，六名为研学课题老师，三名为家长代表。

（2）工作人员将去除评委给出的总分中的最高分和最低分，并取平均分进行排名，一共会产生六个一等奖、六个二等奖、八个三等奖。

（3）工作人员会在汇报的最后 1 分钟进行时间提醒，如果汇报小组超时 15 秒，该组将会扣除一半分数。

（4）请各位评委嘉宾按标准说明打分，如若有特殊情况请听会场负责人安排。

附录：研学旅行前的准备工作

一、行前准备

1. 证件准备

请随身携带并保管好自己的身份证或户口本，以备乘车及入住宾馆时查验，如有遗失，请迅速告诉老师。学生请随身携带学生证，方便老师购票及处理紧急事件；教师请随身携带教师资格证，以备景点查验。

2. 衣物准备

沪杭地区属典型的亚热带季风气候。温暖湿润，雨水丰沛，日照充足，春暖秋凉，冬冷夏热。夏季较为炎热，请携带防晒衣、太阳帽、太阳眼镜，做好防晒措施。

3. 医用用药

请您根据自己的身体状况，准备好适当的日常药品。其他如退热类药、螺旋霉素（防牙痛）、皮炎平（治虫咬）、驱蚊虫花露水、眼药水、云南白药、风油精、胃药、止痛类药、跌打损伤类药品可自备；组委会配备有团队医疗老师和普通救助设备，医疗应急方面，我们与当地三甲医院合作。如参营前有身体不适，请在活动开始前告诉老师。

4. 日常用品

明德营地或合作宾馆有牙刷、牙膏等一次性用品，毛巾、拖鞋是消毒后重复使用的，同学们也可以准备自己常用的。原则上不需要携带现金，因为在当地的吃住行费用都已包含，但考虑个别有特别需求的学生，家长可让孩子携带少量现金（国内营建议不多于 300 元）。参加研学活动以励志研学、开阔眼界为主要目的，建议购买有意义的小纪念品给家人留念即可，不建议购买贵重物品，尤其是在各旅游景点。不得随身携带易燃易爆物品及管制刀具，以及国家法律法规规定的其他禁止携带、运输的物品。

特别提醒：由于出门在外，天气变化无常，请大家带好雨伞，贵重物品做好防水准备。

二、行前任务

研学路线：

（1）此次研学活动是从________出发，目的地是________，乘坐的是________交通工具。若是火车，是________次列车，它是以字母________开头，代表________。列车行驶的平均速度是________，耗时________，从我们的出发地到目的地全程行驶距离是________。你所乘坐的列车停歇的部分站点有________、________、________、________、________、________、________、________、________、________、________。

（2）一张车票能改签______次，并且车票改签有时间限制，必须在列车出发前________之前改签，改签________（需要 / 不需要）手续费，改签次数使用完后只能进行退票，退票时收取________的退票手续费。票面乘车站开车前 48 小时以上的，退票时收取________退票费；开车前 24 小时以上，不足 48 小时的，退票时收取________退票费；开车前不足 24 小时的，退票时收取________退票费。所有车票都不可以在出发后退票。

三、知识延伸

1. 动车与高铁

动车指速度在 200 千米 / 时级别的铁路线路，高铁指速度在 300 千米 / 时级别的铁路线路。

表 3-1-2　铁路列车类型

车次编号	列车类型
G 开头	高铁，最高速度可达 300 千米 / 时
D 开头	动车，在一些客专线路上，动车组会在车站避让高铁，让其优先通过
C 开头	城际列车，目前主要是京津 350 千米 / 时城际列车
Z 开头	直达特别快速旅客列车，在行程中一站不停或者经停必须站，但不办理客运业务
T 开头	特别快速旅客列车，列车在行程中一般只经停省会城市或当地大型城市
K 开头	快速旅客列车，列车在行程中一般只经停地级行政中心或重要的县级行政中心
L 开头	临时旅客列车，简称“临客”，只在寒暑假及各种节假日期间开出
N 开头	管内快速旅客列车，简称“管内快速”，列车一般经停一些重要车站
A 开头	按需临时旅客列车，以 L/A 字母为标志，指在临时客车之外又加开的车次
纯数字组成的车次编号	普快列车，以 1/2 开头的车次是要经过两个或以上铁路局的长途列车；以 4/5 开头，是在一个铁路局管辖范围内运行的中短途列车，最高运行速度都为 120km/h；以 6/7 开头，是服务铁路沿线居民和上下班铁路职工的列车，几乎逢站必停

2. 普速列车和高铁动车上的排泄物去哪了？

表 3-1-3　列车上的排泄物处理

车类别	排泄物去哪了
普速列车	卫生间使用的是直排式厕所，直接排放在铁轨上。这也是为什么铁轨上面要铺很厚很厚一层大颗粒的碎石，这样排在石头上的废弃物被列车的震动震碎并沉降到碎石底部，所以铁轨上几乎看不出垃圾，看到的也是新鲜的，或者不易降解的
高铁动车	卫生间采用的是真空集便器。排泄物都集中在车下的污物箱内，列车到站后用真空管道抽吸出来的排泄物再被输送到地下的排污管，最后汇集到化粪池中集中处理。一辆普速列车需要抽吸 34 个集便箱，一辆高铁列车需要抽吸 8—16 个集便箱

（珠海市第二中学研学团队）

第二节　研学活动与学校研究性学习的组织

党的十九大明确提出:“要全面贯彻党的教育方针，落实立德树人根本任务，发展素质教育，推进教育公平，培养德智体美全面发展的社会主义建设者和接班人。”基础教育课程承载着党的教育方针和教育思想，规定了教育目标和教育内容，是国家意志在教育领域的直接体现，在立德树人中发挥着关键作用。

2003 年，教育部全面实行了课程改革，印发了《普通高中课程方案》。2013 年启动了课程初次修订，2017 年再次修订。新课程体系中，普通高中开设课程及学分安排都在方案中明示。其中列明“研究性学习”是一门课程，从属于综合实践活动这一学习领域，它是国家课程计划中规定的一门必修的课程，是国家规定的、地方指导的、校本开发的课程，是与学科并列而不是从属于学科的综合课程。本项目研究的“研究性学习”包含了普通高中综合实践活动领域的研究性学习课程，要求学生完成两个研究性学习课题（即项目）的学业，达到 6 学分的认定要求。

研究性学习的课题研究从研究方式上划分，具体包括文献研究、调查研究、实验研究等类型；从内容范围上划分，又包括自然环境研究、社会生活研究、历史文化研究、科学技术研究、个人发展研究等。学生根据自己的意愿，自由组合并提出研究课题；学校充分尊重学生个性特质，根据研究课题方向配备相应专业的导师，设立精细化的个性辅导。学生在研究过程中对自己感兴趣的科目进行深入的了解和思考，为高一下学期的选科走班学习提供实质性的探索，减少了盲目性，开珠海普通高中综合实践教育的先河，形成了珠海市第二中学的特色教育体系。

附录：爱家乡，查乡情——珠海历史文化体验活动

一、项目基本概况

（一）活动背景

珠海拥有丰厚的历史文化积淀，珠海的唐家湾镇、斗门镇是我国历史文化名镇。珠海还有一批历史悠久的古村落，有全省乃至全国的最美村庄。在中国近代史上，珠海产生了数量众多的历史名人。珠海的历史文化属于岭南文化，传承了中华民族的精神。珠海是全国文明城市，我们市民应自觉提高文明素质，学习和弘扬优秀民族文化。

珠海市第二中学在 2001 年就开设了综合实践活动课程，特别是新课程实施以来，教学活动多姿多彩，课程建设进展显著，教学教研硕果累累，师生在各类学科竞赛、科技竞赛活动中成绩斐然。我校的研究性学习活动成为珠海市中小学首批特色教育项目。

（二）课程简介

研究性学习是综合实践活动课程之一。珠海市第二中学的研究性学习课程，以“活动育人”为教学理念，面向全体学生，重参与，重实践，重体验，努力整合学校与社会资源，以专职教师与兼职教师结合、正课与活动课结合的形式，采用主题引导、小组协作、发展性评价、交流互动等手段，鼓励学生自主选题、主动研究，努力完成研究性学习项目，致力于发展学生的实践能力与创新精神。通过组织和开展研究性学习活动，促进了学生的自主发展，促进了师生科学素质的提升。

（三）项目负责人简介

项目负责人陈少康是学校研究性学习专任教师，多年来致力于综合实

践教育课程的开发与实践，成绩突出，主持了“高中研究性学习的探索与实践”等三项省、市教育科研课题，研究成果应用效果好，提高了研究性学习活动的有效性。陈老师致力于开发以生态文明教育、科技创新教育和乡土历史文化体验为特色的综合实践教育模式，成效显著。学生的研究性学习成果在近年青少年科技竞赛中优势明显，获省级以上奖励 30 项，获市级奖励 171 项。陈少康老师多次获省、市优秀科技辅导员、青少年科技教育先进工作者称号。

本项目活动成果在近年的科技竞赛中取得了优异成绩，获省、市级奖励的项目有 26 项，占本校科技竞赛获奖作品总数的 1/6。

（四）项目目标

1. 研究性学习的总目标

通过实施研究性学习课程，使学生获得亲身参与研究探索的体验，形成善于质疑、乐于探究、努力求知的学习精神；转变学习方式，培养学生自主发现、提出问题，收集、分析和利用信息，以及解决问题等多方面的探究能力；使学生学会交流和分享研究的信息、创意及成果，发展乐于合作的团队精神和合作技能；培养严谨求实的科学态度，培养契而不舍、勇于克服困难的意志品质，以及对自然、社会与人类的责任心和使命感。

2. 具体目标

研究性学习强调对所学知识技能的实际应用，注重学习的过程和学生的实践体验，因此制定以下具体的培养目标：

（1）获得亲身参与研究探索的体验。研究性学习强调学生通过自主参与，亲身体验，逐步形成善于自娱、乐于探索、勤于动手、努力求知的积极态度，产生积极情感，激发探索创新的欲望。

（2）培养发现问题和解决问题的能力。研究性学习通常围绕一个需要解决的实际问题展开，在学习的过程中，学生发现和提出问题，设计解决问题的方案，收集和分析资料，调查研究得出结论，并进行成果交流活动。教师引导学生运用已有的知识与经验，学习和掌握一些科学的研究方法，培养学生发现问题和解决问题的能力。

（3）培养收集、分析和利用信息的能力。研究性学习是一个开放的学习过程，在学习中培养学生围绕研究收集、分析和利用信息的能力是非常重要的。通过研究性学习，要帮助学生学会利用多种有效手段、通过多种途径获取信息，学会整理与归纳信息，学会判断和识别信息的价值，并适当地利用信息。

（4）学会分享与合作。合作的意识和能力是现代人所应具备的基本素质，研究性学习的开展将努力创设有利于人际沟通与合作的教育环境，使学生学会交流和分享研究的信息、创意及成果，发展团队合作精神。

（5）培养科学态度和科学道德。在研究性学习的过程中，学生要认真踏实地研究，实事求是地获得结论，尊重他人的想法和成果，养成严谨求实的科学态度和契而不舍、勇于克服困难的意志品质。

（6）培养对社会的责任心和使命感。在研究性学习的过程中，通过社会实践和调查研究，学生要深入了解科学对于自然、社会与人类的意义与价值，学会关心国家和社会的进步，学会关注人类与环境和谐发展，形成积极的人生态度。

3. 发展目标

（1）教学规模。覆盖全校学生，做到学生参与率 100%。

（2）师资队伍。建设一支师德高尚、业务精湛、结构合理、战斗力强、教育自觉的高素质师资队伍。吸收年轻教师进入导师团队，以老带新，可持续化发展。

（3）教育质量。每个学生在三年内完成两个研究性学习课题（项目），共计 6 学分。优良率达到 80% 以上，合格率 100%。学生既全面发展又张扬个性，每个学生的项目都涉及两个以上专业研究方向。学生研究成果参加竞赛，增加省级竞赛中的获奖数量，并力争一等奖。

二、项目的创新性

一年多来，我们致力于运用乡土历史文化资源开展研究性学习活动，积极探讨活动育人的方式方法，在课程改革的道路上迈出了坚实的一步。活动的流程及实施概括如下：

（一）引导选题，自主参与

新课程标准强调学生是受教育和学习的主体，贯彻自主性原则就是要引导学生自主选择研究课题，通过社会调查、探究实践达到自主学习，实现自我教育。那么，如何引导没有经验的学生实现自主选题呢？

（1）根据主题活动的要求，教师提出研究性学习选题的一些范围，如珠海历史文化、珠海名人文化、人文风俗、名胜古迹等专题，主要分为社会调查和科技活动两类。教师指导学生学习选题的方法、掌握选题的原则，引导学生走向社会、走向生活，探究当地的历史文化。

（2）用范例引导选题。教师运用多年来学校开展研究性学习积累起来的资源，把与本主题活动相关的优秀案例开发出来，刻录成光盘再发给学生，让他们学习其中的好经验、好事迹，参考其中的选题题材，然后自主选题或自行拟定课题，这样对于初次接触研究性学习的学生起到了良好的引导效果。

（3）推荐一批参考项目。把我校以前的一些优秀研习项目推荐给学生作为参考。

（二）精心组织，突出主体

开展活动的目的，是使学生通过活动走入社会、接触社会、了解社会，学会观察和思考问题，培养学生的探究能力、实践能力。因此我们组织研究性学习活动要把握几个原则：主体性原则、全员参与原则、联系实际原则、充分挖掘学生有利条件原则，以及安全教育原则。组织活动的教学工作分为三个阶段：

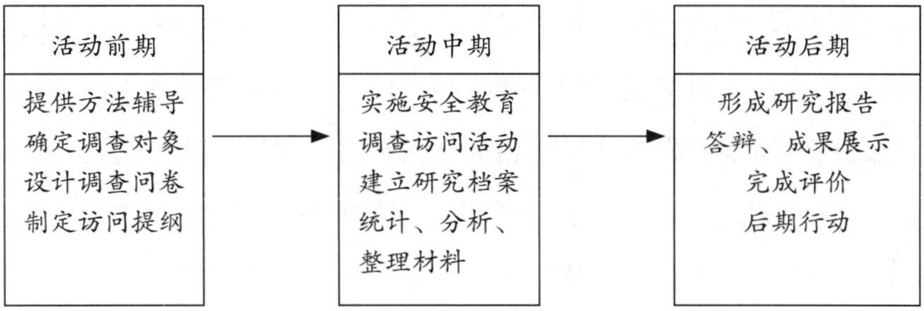

图 3-2-1　组织活动中教学工作的三个阶段

我们的具体工作就是根据以上阶段要求细化实施。组织活动要突出学生主体地位，把引导学生自主选题、制订和落实活动计划及互动交流作为重要环节实施。在活动过程中指导学生做好社会实践记录、实验记录，及时记录本组研究情况、个人体验。让学生通过实践去感受历史文化、体验历史文化，亲历知识的应用与探究过程，享受活动的乐趣，力求体现重参与、重过程、重体验的新课程理念。从学生结题后提交的课题研究档案袋中，我们看到各小组有较完整的开题报告（其中有成员分工、活动计划等）、活动记录和来自学生笔记本的感受记录等原始材料，反映了学生在活动中的真实体验，学生在实践中获得自主发展。

（三）整合资源，形成合力

提高活动的有效性需要整合各方资源，调动各种力量，特别是要充分挖掘当地的乡土历史文化资源，丰富学习内容，推动活动的开展。

（1）运用校园网建立管理平台。发挥网络作为师生信息传输和探究工具的作用，学生通过网站提问题、辩问题，上传研究成果、心得，与大家共享，开展协作学习；教师通过网站收集反馈信息，指导学法。

（2）利用校内的图书馆、电子阅览室、专题学习网站等资源开展研究性学习活动。此外，让学生将家里的有利条件也利用起来，如在家上网浏览资料、制作电子作品等，同时让家长参与对学生研究性学习的指导。

（3）积极争取社会力量的支持。争取家长和社会有关方面的支持，聘请校外社会人士为课题组的指导教师，使社会力量成为本主题活动的教育资源之一。如学者唐有淦是一名退休教师，他对珠海唐家湾的历史很有研究，于是我们请他来指导一个课题小组的研究。学生多次对他作访谈，他都十分支持。在唐有淦的帮助下，学生开展了“唐家湾历史文化”的社会调查活动。耳闻目睹了当地的历史文化，学生真切地体会到了中华民族传统文化的灿烂和辉煌。正如他们感叹的，“我们有责任将家乡的文化发扬光大，弘扬民族的传统文化”，学生的社会责任感油然而生。

（4）与社会一些单位共建教育实践活动基地。为提升社会实践效果，我校与珠海市博物馆、珠海市文化馆新馆、农科中心、中大珠海校区和附近社区建立了联系，以这些点作为我们组织社会实践教育的基地，每年都组织学生到这些地方进行社会调查活动。活动中我们请这些单位安排人员担任指导员，配合学校对学生的课题活动开展教育，有针对性地指导，取得良好的效果。

（四）交流互动，促进发展

适时举办学习成果交流会，每个课题小组都需要经过报告、答辩、评价、成果展示的过程，再利用相关的评价表对每一环节进行跟踪评价。为提高参与率，我们首先以班为单位进行交流，各组都需要经过报告、答辩和评价三个过程。多数小组把他们精心制作的课件运用多媒体平台播放出来，随着画面、音乐的推进，小组成员一边展示，一边向同学和老师宣讲他们的研究报告，然后大家对他们的成果提出问题，并由该课题组成员答疑、答辩。由于各组精心策划，每一组发言都能引发一轮轰动。他们既讲研究所得，也讲体会。高一（19）班何颖欣小组的同学说，他们探究了中国的春节习俗，发现各地的风俗有所不同，但都表现出祥和、喜庆的气氛，反映了中华民族注重安定团结、求和平求发展的特点，使他们领略到中华民族文化的博大精深。学生的交流还有一个共同点，就是通过社会实践活动懂得了合作的重要性，他们的每一项成果都是团结协作的结晶。他们的交流引起了在座师生的共鸣，真正体现了研学旅行以优秀传统文化激励人、鼓舞人的活动宗旨。

根据我们的统计，学生要完成一个项目，一个小组平均要经历五次的社会实践，在班上要作三次报告（开题、假期汇报、结题），形成一套研究材料（每个档案袋的必要材料：研究报告一份，开题报告表一份，活动记录表若干份，搜集的参考资料集一份，调查访问或实地考察或实验记录等社会实践材料一份，活动小结或日记感想等每人一份）。

综上所述，开发乡土课程资源是实施研究性学习课程的有效途径，我们在运用乡土历史文化资源开展研究性学习活动的实践中建立起来的教学模式初见成效。日后我们要发挥它在开发其他的乡土课程资源（乡土地理资源、乡土人文资源等）上的借鉴作用，促进研究性学习课程建设。

三、项目的意义性

（一）整合社会资源，促进综合实践教育

珠海历史文化丰厚，斗门区、唐家湾镇等地区历史文化底蕴深厚，名人辈出，运用乡土历史文化资源开展研究性学习活动，是我们多年来的教学经验。在特色项目建设中，要继续开发与利用珠海的历史文化资源，引导学生更好地开展研究性学习活动，通过社会实践活动获得文化体验。

（二）符合学生的实际

本校的学生有相当一部分来自珠海的古镇、古村落，历史遗迹和人

文故事就在他们的生活中。因地制宜开展历史文化体验活动，通过富有历史文化的环境和民族精神去感化、启迪和激励学生，能达到说教方式所达不到的效果，通过活动还能锻炼学生的实践能力。另有一部分学生并非来自古镇、古村落，但他们也可以在以上同学的带动下一起去感受珠海的历史，传承优秀传统文化，弘扬民族精神。

（三）有利于发挥爱国主义教育基地的作用

珠海有众多爱国主义教育基地、社会实践教育基地，学校与基地联合，有效地发挥这些基地的作用，促进综合实践教育。开展珠海历史文化体验活动，教师策划，学生参与，同时邀请家长也一同参与，促使学生、教师、家长联合，切实提升教育活动的效果。

四、项目的有效性

（一）教学方法创新

由于教学方法的创新提高了广大学生学习历史文化的兴趣，学生选题时选取历史文化体验项目的比例较过去有所上升。例如 2017 年高一年级学生申报研究性学习项目共 218 项，其中历史文化体验项目 48 项，占 22.0%，而该类项目在 2014 年占 13.5%，2015 年占 16.0%，2016 年占 19.5%。

（二）课程建设显特色

在研究性学习课时的设置方面，我校结合自己的实际，采用集中与分散结合的做法，即每班每两周上 1 课时的正课，并列入课表执行（一年每一个班能完成 20 课时的正课）；然后课程组按教学计划组织学生利用节假日时间（如寒暑假、国庆五一假日，还有高考期间高一年级学生放假等时间），学生以小组形式开展社会实践活动，由家长或教师带队走进社会进行参观、考察、调研、体验，或组织学生到学校的实验室、活动室完成科技项目的探究实验。合计起来，集中与分散结合的课时能达到每周不少于1课时，每学期不少于15周的要求。

研学旅行项目，多数是在本市内展开乡土文化考察。珠海有深厚的历史文化积淀，而且很多学生本身就生活在浓厚的乡土文化环境之中，做好这类项目有更多优势。2018年暑假，我校还成功组织了北京、上海两地的研学之旅，组织学生对中国的传统文化和现代化建设进行实地考察。我们指导这类项目时贯彻坚持学生主体性、实践性、开放性的原则，注意督促学生实地获得文化体验，在丰富多彩的文化氛围中陶冶人、鼓舞人。

（三）课程资源有效整合应用

1. 发挥学生与家长的作用

学生是资源，生活环境、家风家训、乡村风俗、传闻典故这些本来就是学生生活的一部分。让学生去学习和体验家乡的历史文化，就是基于学生生活开展研究性学习，使学生在实践中学习，从活动中获得发展。因为活动主要在学生自己家乡进行，学校可以邀请家长参与活动，家长的参与提升了活动的效果和安全性。

2. 发挥教育基地的作用

古村落、民俗馆等各文化活动场所都是学生的综合实践教育基地，组织学生走进教育基地学习和传承历史文化，有助于青少年的健康成长。

3. 发挥网络资源的作用

现代信息化技术的发展为学生在线学习和开展专题探究提供了优越条件，本项目能有效利用网络资源大大提高活动的效率。同时，教师也能利用网络技术开发课程资源，我们创建了“历史文化博客”，利用这一学习园地推荐活动范例、乡土历史材料，便于师生实时沟通，为学生历史文化体验活动提供帮助。博客等工具的运用提升了学生活动的效果，为整合校内外资源促进综合实践教育作了有益探索。

本项目的有效性概括起来，体现在：

每年形成历史文化体验类的活动成果一批，以高一年级为例，统计如表 3-2-1，学生的历史文化体验类作品每年在班级或年级宣传并在校园展示。

表 3-2-1 高一年级历史文化体验类成果统计表

学年	班额/个	研究性学习课题（项目）/项	历史体验类课题（项目）/项	历史体验类课题（项目）所占比例/%
2012—2013	23	218	29	13.3
2013—2014	22	244	33	13.5
2014—2015	20	180	30	16.7
2015—2016	22	190	37	19.5
2016—2017	20	218	48	22.0

我校正在以“传承优秀传统文化，培育现代文明青年”为主题打造校园文化，师生在此项目中形成的系列成果极大地丰富了校园文化。

五、项目的普适性

我们的口号是爱家乡，查乡情。组织学生走进珠海市的古镇古村，调查村容村貌、村落由来、历史遗产、民俗风情、名人故事、典型史实等。具体设计的调查项目如下所示：

1. 村容村貌

客观描述村落的整体印象、村民生活状况、公共配套设施、公共环境、生态环境等。

2. 村落由来

记录村落形成的原因、历史变迁、原居民的家庭迁徙史与相关故事、村中传承的族谱家谱和家规家训等。

通过组织学生开展这一活动，考察珠海古村风貌，走访历史名人故居，探寻历史遗产，学习优秀家风家训，使学生体验乡土历史文化，激发学生爱国爱家乡的情怀，增强学生传承和弘扬珠海历史文化的使命感，提高社会实践能力。

3. 民俗风情

走访调查村落传统生活习俗、民间艺术、传统工艺、特色风味食品、传统农具、非物质文化遗产等，描述其特点。

4. 历史遗产

真实记录村落古民居、宗祠、庙宇、古塔、古桥、园林、古井、碉楼、门楼、牌坊、炮楼等古建筑或特色建筑，描述历史遗产的印象、基本情况和相关历史人文故事。

5. 村落故事

走访记录村落重大历史事件、民间传说、掌故，以及老一辈对村落的历史记忆等。

6. 村落名人

走访调查村落历史名人、有影响或作出突出贡献人物的主要事迹、成长史或励志故事等。

组织和开展这一活动，让学生深入古镇，察看村情，探寻乡村历史文化，感受乡村传统美德和人文精神，有利于学生记住家乡，留住乡情，增进爱国爱乡情感，自觉传承和弘扬珠海的历史文化。这些教学内容的设计，适合珠海民间的乡情，符合中学生的心理特点和智力水平。

六、项目的积极成果

学校的办学方针是“以科学精神兴校，以优秀传统文化育人”。2018

年 3 月，研究性学习项目组被评为 2017 年珠海市基础教育“好项目”，这是对我校研究性学习的教育教学实践成果给予的肯定。

学校素来重视对学生的传统文化教育，传统文化与科学精神是我校教育内涵的两大支柱。我校在传统文化教育上底蕴深厚，广东省特级、历史正高级教师杨国老师，珠海市名师缪晓虹老师带领的科研团队开展了相应的系列课题研究，本项目组的陈少康老师对乡土文化研究同样有很深的造诣。

在高一年级实施研究性学习课程形成的活动成果如下：

表 3-2-2　高一学生研究性学习活动成果汇总表

学年	全年级人数 / 人	完成课题（项目）类别项数 / 占比						课题（项目）数量 / 项
		生态环保教育	科技活动	历史文化教育	社会热点问题	中学生成长	其他	
2015—2016	1008	80/41.9%	19/9.9%	32/16.8%	34/17.8%	25/13.1%	1/0.5%	191
2016—2017	993	74/33.9%	34/15.6%	48/22.0%	29/13.3%	32/14.7%	1/0.5%	218
2017—2018	1105	71/29.8%	29/12.2%	95/39.9%	29/12.2%	13/5.5%	1/0.4%	237

学生完成研究性学习项目，效果明显，特色展现。

学校以“传承优秀传统文化，培育现代文明青年”为主题打造校园文化，师生在此项目中形成的系列成果极大地丰富了校园文化。以我们组织的历史文化体验教育为例，每年形成历史文化教育类的活动成果一批，如高一年级近年形成的活动成果每年就有 200 项左右（统计如表 3-2-3），学生的历史文化作品每年在班级或年级宣传并在校园展示。

表 3-2-3 高一历史文化教育类活动成果统计表

学年	班额/个	研究性学习课题（项目）/项	历史文化教育类课题（项目）项数/项	历史文化教育类课题（项目）占比/%
2015—2016	22	191	32	16.8
2016—2017	20	218	48	22.0
2017—2018	20	237	95	39.9

学生的历史文化体验活动作品在近年的科技竞赛取得了优异成绩，获省、市级奖励的项目有 26 项，占本校全部获奖作品总数的 1/6。

我校组织研究性学习活动 244 项，其中以乡土历史文化为主题开展调研的研究性学习课题有 38 项：

✧ 中国古代服饰花纹

✧ 珠海山场北帝城隍庙的研究

✧ 生活小药方的调查与研究

✧ 广东饮食文化

✧ 四川风土人情调查

✧ 珠海市中山亭的人文历史调查

✧ 甲骨文的历史意义与艺术特色

✧ 南门赵家庄调查（市二等奖）

✧ 寻访陈芳故居

✧ 澳门食品文化研究性学习调查

✧ 探访石溪石刻文物保护情况

✧ 桂山岛旅游资源调查

✧ 港币、澳门币的历史认知

✧ 官塘茶果文化

✧ 珠海斗门古街历史研究

- ✧ 中学生对汉服认知的调查与研究
- ✧ 走进海鲜街
- ✧ 三灶鹤舞调查（市一等奖）
- ✧ 茶文化的研究
- ✧ 寻觅珠海美食
- ✧ 珠海常见海鲜调查
- ✧ 珠海市古建筑风格研究
- ✧ 潮汕饮食文化
- ✧ 春节文化习俗调查
- ✧ 废电池的回收与处理
- ✧ 杨氏大宗祠调查
- ✧ 地理因素对珠海地名的影响
- ✧ 珠海改革开放历史发展与变化
- ✧ 斗门文化风俗调查与研究（市三等奖）
- ✧ 珠海古建筑的研究
- ✧ 斗门革命根据地历史的研究
- ✧ 斗门飘色调查（市一等奖）
- ✧ 古玩文化调查
- ✧ 珠海市革命纪念遗址及纪念地研究
- ✧ 探究刘备历史形象
- ✧ 古代的青铜器
- ✧ 国人对中国传统文化现状之态度
- ✧ 中外文化差异及影响

实践提高了我校教师对新课程意义的认识，丰富了新课程理论的内容。研究性学习活动是组织开展中华优秀传统文化普及活动的有效途径。

为了实施新课程，我们以社会实践活动为途径开展乡土历史文化研究性学习活动，利用珠海历史文化资源，激发学生热爱家乡、热爱祖国之情。苏霍姆林斯基说："学生热爱祖国的感情是从爱家庭、爱学校、爱集体农庄、爱工厂、爱祖国语言开始的。""祖国是扩大了的家乡，家乡是看得见的祖国。"根据课程需要，学生走入社会，结合乡土资源深入实践，能让学生的感情与家乡、祖国联系得更为紧密，进一步体会到家乡的美和祖国的伟大。"三灶鹤舞""斗门飘色""南门赵家庄""中华传统汉服"等小组的学生开展调研，他们深入文化会馆，走访老艺人，倾听乡亲的心声，参与当地文化活动，增进了对家乡历史文化的了解。通过活动，学生感受了历史文化的魅力，体验了历史文化，乐于为弘扬家乡历史文化去宣传、去传承，愿意为此付出努力。"山场北帝城隍庙调查""探访石溪石刻文物""走进斗门革命根据地""珠海革命纪念遗址及纪念地调查"等小组的学生开展调研，以实物证据还原历史，以文献资料佐证历史，激发学生学习珠海历史文化的兴趣，使他们学习和传承中华民族传统优秀文化，弘扬中华民族精神，实现以历史文化激励人、鼓舞人。

由此我们可以将乡土历史文化研究性学习活动的特点概括为"在实践中学习，在活动中体验"。我们正是以此作为综合实践活动课程的教学理念，定位我们教学工作的努力方向。

七、项目的社会影响

学校的进步从来不是依靠一己之力，它是各科各部门协同配合、相互成就、共同成长的结果。得益于我校各科组优秀资源的滋养，研究性学习在沃土中开出绚丽的花朵。我校历史教师联手语文、政治、地理科组共同开发了"香山历史文化"的校本课程，教师积极整合可利用的乡土资源，挖掘出一些时代感较强、学生兴趣浓厚且具有深刻教育意义的地方史素材，运用各种地方史特色资源，把学生引入校本课程学习的新天地。学生通过校本课程的学习，对乡土文化产生继续深入研究的热情，因而开展了以乡土文化为主题的课题研究，这是本项特色项目对学校已有的优秀教育教学实践的继承与创新。

表 3-2-4　珠海市第二中学 2017-2018 年“驿道研学”成果所获奖项一览表

序号	项目	等级	评奖单位	时间
1	戏剧《交流、纽带与启示——从开放到跨越》	一等奖	第四届教育创新博览会	2018 年 11 月
2	纪录片《回眸那些年，那些事——从香洲开埠到大湾区腾飞》	一等奖	第四届教育创新博览会	2018 年 11 月
3	论文《从凤凰山麓走来——莫氏家族扬名香江之畔》	二等奖	第四届教育创新博览会	2018 年 11 月
4	展板　“一路‘芳’华——从香山埠到夏威夷”	二等奖	第四届教育创新博览会	2018 年 11 月
5	展板　“潮起伶仃洋——走向新丝路的珠海人”	二等奖	第四届教育创新博览会	2018 年 11 月
6	展板　“一带一路历史背景下鱼‘身’发展”	三等奖	第四届教育创新博览会	2018 年 11
7	省“爱家乡查村情”综合实践活动优秀案例评选　“斗门飘色艺术调查”	省一等	省教育厅、省人民政府地方志办公室等	2017 年 12 月
8	省“爱家乡查村情”综合实践活动优秀案例评选　“珠海南门古村探究”	省二等	省教育厅、省人民政府地方志办公室等	2017 年 12 月
9	省“爱家乡查村情”综合实践活动优秀案例评选　“斗门革命根据地考察”	省二等	省教育厅、省人民政府地方志办公室等	2017 年 12 月
10	省“爱家乡查村情”综合实践活动优秀案例评选　“体验官塘茶果文化”	省二等	省教育厅、省人民政府地方志办公室等	2017 年 12 月

（续表）

序号	项目	等级	评奖单位	时间
11	省“爱家乡查村情”综合实践活动优秀案例评选　“珠海北山村杨氏大宗祠调查”	省二等	省教育厅、省人民政府地方志办公室等	2017 年 12 月
12	省“爱家乡查村情”综合实践活动优秀案例评选　“珠海山场北帝城隍庙研究”	省二等	省教育厅、省人民政府地方志办公室等	2017 年 12 月
13	省“爱家乡查村情”综合实践活动优秀案例评选　“珠海石溪石刻文化调查”	省三等	省教育厅、省人民政府地方志办公室等	2017 年 12 月
14	省“爱家乡查村情”综合实践活动优秀案例评选　“唐家湾传统建筑文化探究”	省三等	省教育厅、省人民政府地方志办公室等	2017 年 12 月
15	省“爱家乡查村情”综合实践活动优秀案例评选　“苏莹小组照片类《珠海石溪石刻文化》”	省三等	省教育厅、省政府地方志办公室等	2017 年 12 月

《珠海市第二中学五年（2018—2022）发展规划》中把研学旅行纳入学校教育教学计划，促进研学旅行与学校课程、德育体验、实践锻炼有机融合。学校有针对性地开展自然类、历史类、地理类、科技类、人文类、体验类等多种类型的研学旅行活动，为学生生涯规划提供帮助。研学旅行是本项目的一个重要主题，我校 2018 年已经成功组织了一次上海、北京研学旅行，师生收获颇丰；2021 年的研学旅行掀起了一个报名高潮，已形成了西安、上海、北京三地 500 人的研学队伍。

八、结语

学校开发的“爱家乡，查乡情——珠海历史文化体验活动”项目，其突出的优势就在于生成了一种符合实际的教学模式，并经多年的探索实践得到进一步完善。它具有创新性、有效性、普适性和科学性的特点，应用这一教学模式不但能开发历史文化体验项目，也可以开发生态文明教育综合实践活动、科技创新教育综合实践活动等系列课程或项目，有利于促进新课程的实施。此外，这一教学模式不但适用于本校，也可以供同类学校借鉴。

（珠海市第二中学　陈少康）

第三节　研学活动方案的设计案例

一、项目名称

口述历史实践活动：走近平沙越南归侨

二、学习目标

口述史料应用于中学课堂有利于教学资源的开发和教学方法的创新。本次学习目标包括：学生通过口述史采访实践，能对口述史学这样一种治史方法有所了解，并能在老师的指导下实际运用；提升批判性思维和解决问题的能力，能对收集的材料进行正确的选择和筛选，能结合主题完成口述文稿，能运用唯物史观看问题，理解现象，找出现象形成的原因和带来的影响并提出有意义的问题。

三、项目实施过程

（一）准备阶段（2020 年 4 月 30 日—6 月 6 日）

（1）知识准备：确定口述史活动主题，师生在网上查找相关历史文献；到平沙镇档案室、平沙镇侨联、平沙镇文化中心收集一手文献资料、图片资料。

（2）人员准备：组建口述史活动小组，明确小组成员各自的职责。教师从资料的收集、采访技巧、口述文稿整理等方面对学生进行口述史的治学方法培训。

确定联系好受访人，制定好对受访者的访谈提纲，约定采访时间。

（3）设备准备：录音笔或手机等录音设备。

（二）实施阶段（2020 年 6 月 7 日—7 月 10 日）

（1）小组成员按约定时间与受访者进行口述访谈并做好相关记录。

（2）小组成员将录音资料转换成文字文本，对口述文稿进行编辑，真实地反映访谈过程。

（3）小组成员将编辑文稿内容与受访者核对后，在指导老师的帮助下，借助相关资料进行研究与考订，形成完整的口述史文稿，撰写活动心得。

（三）展示与小结阶段（2020 年 7 月 11 日—7 月 20 日）

（1）举办学习研究成果分享会，小组成员进行心得体会的分享，总结经验，老师对学生的活动表现进行点评。

（2）将学生的活动成果汇集成册，展示在学校历史功能室。在学校学科网页对本次实践活动进行宣传报道，并同步展示学生的作品。

（3）将学生的学习研究成果与平沙镇侨联、镇档案室、镇文化中心进行分享。

四、项目学习成果及评价

附件一：《“口述历史实践活动：走近平沙越南归侨”活动方案》（略）

附件二：小组合作过程个人评价表（略）

附件三：教师对学生参与合作学习的评价量表（略）

附件四：学生口述文稿、学习心得及学习成果评价（精选）（略）

五、项目成效和反思

从2020年4月30日开始，学校开展了为期三个月的“口述历史实践活动：走近平沙越南归侨”的学生实践，其中包括准备、实施、展示与小结三个阶段。通过前期对学生的统一培训，学生基本掌握了资料收集、采访技巧、口述史学等治学理论和方法，为后面学生“走出去”的活动打下了基础。

在活动开展阶段，学生从小组分工的密切配合，到倾听受访者讲述时的认真专注，再到从繁忙学业中挤出零散的时间逐字逐句用键盘敲打出成千上万字的原始文字资料，最后由小组同学进行史料互证、逻辑编排，形成最终的口述文稿，整个过程学生均能表现出较高的参与热情和团结协作的小组合作氛围，这是学生活动能取得成功的重要保障。

项目组老师参考《普通高中历史课程标准（2017年版）》中“历史学科核心素养水平划分”，对学生实践活动进行过程性评价与总结性评价，既充分关注小组合作形式中个人与集体的表现，也重视学生在实践中对口述史学方法的具体实践程度。在关注学生成果时，既关注小组的知识收获所得，也重视引导学生家国情怀核心素养的提升，符合国家教育改革的要求。从实践中反思提高学生核心素养的途径与办法，完善对学生核心素养的评价体系。

总的来说，虽然这次口述史活动还有诸多需要完善的地方，比如前期由于时间比较紧张导致培训工作比较粗浅，如人手分配不够合理，有一个组只有一个受访对象，却安排了较多学生，以致有学生在现场无事可做等。但是通过此次活动，不管是学生还是老师都对口述史这种活动形式有了进一步的认识和更多的经验，也初步达到了活动最主要的目的：让学生走出课堂，融入到现实生活中，通过聆听普通生活大众对于历史的独到见解，获得对历史的切身体验和感悟。希望未来能有更多这类的活动，更多发挥历史育人的功能，让学生有更多机会走近历史。

（珠海市第一中学平沙校区　林榕）

第四章
初中历史文化研学活动的设计与实施

第一节 以乡土教育活动促进传统文化回归的尝试

——以“珠海市翠微村乡土调研活动”为例

一、调查背景

珠海自古以来就是岭南文化的重镇，其中，翠微村就是一座具有悠久历史的古村落，它始建于宋末，毗邻港澳，地理条件优越，是珠海三条古驿道交会处，迄今已有近 800 年历史，最早可以追溯到南宋中后期。明清时期至近代，翠微村地处内地与澳门通商驿道的重要节点，车水马龙，熙熙攘攘，繁盛一时，留下了丰富的历史文化遗存。

改革开放以后，珠海被划为首批经济特区，翠微村占据天时、地利、人和，卷入了工业化、城镇化的浪潮，成为珠海市区远近闻名的城中村，已被列入首批城中村改造名录，现代都市的水泥森林即将覆盖翠微村这张珠海的传统文化名片。文物古迹是不能再生的历史文化资源，在这关键时刻，保护好古建筑，保护好历史文物，就是保存历史，保存城市的文脉，这是当代中学生肩上不可推卸之责任，也是我们开展教育的契机。

二、调查目的

（1）了解以翠微村为代表的珠海乡土文化，使学生热爱家乡传统文化。

（2）了解珠海本土文化，培养学生珍视、保护传统文化遗存的意识。

（3）培养学生亲社会能力、学以致用的能力，提升其公民责任感、使命感。

（4）锻炼学生的沟通、交流能力，培养学生的团队协作意识和能力。

三、调查方法

在整个调查活动中，我们主要采用了口述历史记录法、文献查阅法、问卷调查法、实地考察法、个别访谈法、描述分析法、成果交流法等科学研究方法。

四、活动准备

（1）与珠海市博物馆沟通，收集翠微村相关历史资料信息。杨慧君、郭利娜、刘昌言三位辅导老师仔细研读有关翠微村的文献资料，并且向珠海乡土文化专家、珠海市博物馆文物征集顾问吴流芳老师请教咨询，获得了许多有价值的翠微村历史资料信息。

（2）与香港中文大学研究团队合作，丰富口述历史相关资料。我们成立了文园中学翠微古村文化调研团队，由师生共同组成，并且与香港中文大学研究团队合作。心往一处想，劲往一处使，群策群力，充实丰富翠微古村的口述历史相关资料。

（3）向华南师范大学历史系张来仪教授求教，获得方法指导和理论指引。团队成员专程前往广州，拜访华南师范大学历史系张来仪教授，就翠微古村的乡土文化调研当面请教。张来仪教授悉心指导，提出了许多有价值的建议，使团队获得了方法指导和理论指引。

（4）查阅文献，进行有效的理论学习。团队成员利用珠海市图书馆、博物馆、档案馆，网络信息等多种资源，搜集与翠微村相关的文献资料和类似的课题文献研究资料。

（5）整理相关资料，设计调查问卷。我们根据收集的资料，设计了珠海市翠微村乡土历史调研表，涉及下列十大问题。

表 4-1-1　珠海市翠微村乡土历史调研表

1. 您是翠微本地人吗？（画√）

A. 是　　　　　　　　B. 不是

2. 在您的印象中，翠微村以前是什么样子的？

3. 您知道翠微出了哪些近历史名人？有________、________、________、________等。

4. 您认为主要是什么原因促使翠微古村人才辈出？

A. 自然因素　　　　　　B. 人文因素

5. 您认为促成翠微名人辈出的人文因素有哪些？

6. 您觉得翠微的祠堂文化在人才培养方面有哪些影响？

7. 翠微村知名的宗族祠堂有哪些？

8. 您熟悉这些祠堂背后的故事吗？

（续表）

9. 您认为祠堂在当今社会有什么作用和意义？ 10. 就翠微村的文化遗产保护，您想提出什么想法和建议呢？

五、调查过程

第一阶段：个别访谈，参与口述历史翻译活动（2017 年 8 月—2017 年 9 月）

翠微村原住民的本地粤语口音较重，因此需要将其口述的内容转述为普通话以便保存和传播。据此，我们先期对翠微年长的原住村民进行了口述历史的采访记录，然后组织 12 名熟悉本地方言的学生进行口述历史翻译，整个暑假共计完成翻译作品 121 844 字，为翠微村传统文化资源的抢救性保护贡献了我们的微薄之力。学生们在口述历史的翻译过程中，得到了历练，增进了对家乡珠海的认识了解和热爱之情。

第二阶段：实地考察，走进翠微古村进行调研活动（2017 年 10 月 3 日）

俗话说，“百闻不如一见”，目前学生对传统文化的感知多半来自书本和媒体，这些往往是肤浅和短暂的。因此，我们组织了此次实地调研活动，让学生用手去触碰历史，用心去感受真实存在着的优秀传统文化。团队师生一起走进翠微村，由珠海市乡土文化专家吴流芳老师做向导。在翠微村，师生们走访当地村民，面对面交流探讨，零距离接触、感悟翠微古村的祠堂文化，认真聆听，仔细记录，获得了大量关于翠微村的翔实可靠的乡土文化信息。

第三阶段：问卷派发，完成问题思考和调查报告（2017 年 10 月 3 日）

师生在翠微村派发并回收事先做好的调查问卷，走访当地村民，就翠微古村乡土文化进行调研探讨，力求从翠微村原住民那里获得有价值的信息。

第四阶段：整理、分享，向身边同学传播古村文化（2017 年 10 月）

团队中的学生成员在辅导老师的指导下，整理调查问卷，撰写考察心得，并且在课堂上与众多同学分享翠微村乡土文化考察的收获体会，引发了诸多同学的共鸣和赞许。

六、调查分析

经过一系列的文献研究、实地考察和资料整理，我们发现翠微古村中目前还保存有祠堂 17 间（其中吴氏祠堂 10 间）、庙宇 7 间、里弄门坊 6 座，还有数座名人故居，合计有 37 处极具代表性的古建筑、古民宅等。我们组织学生整理后，将其分门别类地划为祠堂庙宇、名人故居、特色建筑、文物古迹和革命遗迹五大部分。

（一）祠堂庙宇

祠堂和庙宇，是我们的乡土胎记，是存放我们乡愁的陈列馆。翠微村主要姓氏有吴、韦、郭、杨、李、黄等。旧时，翠微村有祠堂 59 间、庙宇 14 间。时至今日，村中还保存有祠堂 17 间（其中吴氏祠堂 10 间）、庙宇 7 间。留存至今的代表性祠堂有吴氏大宗祠、梅松吴公祠、榕斋吴公祠、碧岳吴公祠、杨氏杨公祠、郭氏从吾祠等；保存至今的代表性庙宇有南约土地庙、本街土地庙、南阳庙、财帛庙、关帝庙等。这些祠堂和庙宇是族群团结的黏合剂，是旅居他乡的海外华侨、华人寻根的落脚点，对于当地的青年教育、文化传承、旅游发展、招商、统战等都有着极其重要的作用和积极意义。

（二）名人故居

翠微村是珠海的一座华侨村，一半人居村，一半人旅外。翠微村和澳门地缘关系密切，与西洋文明接触较早。得天独厚的地缘优势为翠微人出洋经商和求学提供了有利条件。早在清初，翠微村就有村民出洋经商和求学。他们以勤劳的双手和智慧向外拓展，以拼搏和冒险的精神缔造了珠海的近现代化奇迹，产生了一大批俊杰英才。如近代著名买办、广州十三行行商之一的吴健彰，上海太古洋行买办杨梅南，金庸笔下的韦小宝人物原型——韦玉，清末第四期留美幼童吴其藻，学贯中西的教育家韦卓民和韦悫，香港首位华人大法官杨铁樑……时至今日，名人英杰早已故去，但在翠微仍然保留着多处历史名人故居，如吴健彰故居、韦卓民故居、杨铁樑祖居、杨梅南故居等，这些名人故居成为这座城市的文化标志和宝贵遗产。

（三）特色建筑

翠微村有多处极具岭南风味的特色建筑。在翠微南面，有位于明清时期珠海三条古驿道交会处的杨公亭，它始建于明末清初，浮雕图案和线条精美，其建筑既保留了传统又融合了西方的建筑元素，具有典型的中西合璧的民国建筑风格。村内有七条街、七条里、一条巷，七条街为长水街、大坊街、槟榔街、街市上街、街市下街、中心街、北大街；七条里为南溟里、台古里、腾凤里、敦睦里、中和里、人和里、圣堂里，现存六处；一条巷为茶子巷，附近有极具代表性的古建筑、古宅，合计 37 处之多。保存至今的特色建筑有杨公亭、安怀院、人和里牌坊、腾凤里牌坊等。有些传统的街牌名称像大坊街、长水街等沿用至今。特色建筑，尤其是门房上精美的屏风、屋檐上精致的瓦当、有地方特色的趟栊门等，给团队师生留下了深刻印象。

（四）文物古迹

翠微村始建于南宋中后期，毗邻港澳，地理条件优越，是珠海三条古驿道交会处，迄今已有近800年历史，是明末清初华南旱路贸易的起点。清乾隆年间，翠微村曾是香山县县丞的办公地，香山同知的官邸也在翠微村。走澳门、走翠微的贸易繁荣为这座小小的海边渔村留下了灿烂的文物古迹。留存至今的代表性文物有“凤池书院”（清朝香山县九大书院之一）牌匾、庆安石狮（相传为科举状元赐名）、百年古井、遗留的石墩等。

（五）革命遗迹

翠微村是一个人杰地灵、山清水秀的好地方，秉承了海洋文明的重商意识和冒险精神，同时也是最早接受西方文明的前沿地区。正是在这片中西文化最早交汇碰撞之地，曾先后涌现出了一批近代革命家。抗日战争初期，这里就有抗日先锋队和地下共产党的活动，有不少青年（如抗日英雄吴当鸿）参加了抗日先锋队、共产党领导的抗日部队，翠微村成为华南抗日战场的重要组成部分。村中的南阳庙附楼曾是农民运动讲习所，吴治山祠是香港大罢工时期翠微工人协会会址，村中的一处建筑还曾经用作党校。

七、调查建议

翠微村沉淀了珠海的传统文化，承载着翠微村民那份浓浓的乡愁。2019年10月翠微村拆迁在即，保护翠微村的历史文化遗存已经刻不容缓。就翠微村的文化遗产保护，调研团队提出如下建议：

（1）请珠海市政府责令文物管理部门速派文物鉴定专家普查和鉴定翠微村内的所有祠堂、庙宇、名人故居和其他古建筑，将之申报为文物保护单位。对翠微村的所有祠堂、庙宇、名人故居等进行全面排查，摸清家底，为乡愁存档。

（2）建议在翠微村改建规划中，保留古建筑较为集中和数量多的原始街区，原址就地保护，活化利用。古街区可以规划成原址文化公园、文化街区与商业街区相结合的整合体。

（3）尝试历史遗存与当代生活共融。学习肇兴侗寨多元的文化传承和产业化的和谐发展之路，对翠微传统民居进行修缮，完善生活生产基础设施，使翠微本地居民居住其中，保留传统生活民俗和生活气息，让历史遗存与当代生活共融，让村落景观与人文内涵共生，让传统文化与时代精神共鸣。

（4）加强对翠微村村民的宣传教育工作，培养和增强翠微村村民的传统民俗文化保护意识，增强翠微村乡土文化保护的内生动力。传统村落文化的保护，需要鼓励有思想、有情怀、有能力的精英知识分子回归，发挥“领头羊”作用。

（5）建立和完善传统村落文化保护的责任追究机制。完善传统村落保护的法律规章，使得传统村落保护有法可依、有章可循。对片面追求经济利益，肆意破坏传统村落文化的行为和个人厉行问责，依法严惩。

（6）保护好翠微村落的“活态文化”。不仅要重视有形的建筑保护，还要重视保护翠微原住民创造的无形文化，包括生产生活方式、风俗习惯、精神信仰、道德观念等。既要保证人在村中，也要保证当地独具特色的文化与村落同在，让“活着的文化”活得更好，不与现代文明脱节断链。

《人民日报》曾发表过一篇保护古村落历史文化的文章，该文对古村落古祠堂有一段十分深刻的阐述：“它们是大地上鲜活的遗存，是正宗的中国‘国粹’，是一方方最独特的‘中国印’。”我们是黄皮肤的中国人，从古祠堂中，都能寻找到我们的根，都能够看到自己的“胎记”。无疑，祠堂和庙宇是存放我们乡愁的陈列馆，是我们教育下一代最生动的课堂！

一座古村，就像一位母亲，虽历尽沧桑，却总是当地儿女向往的地方。在那里，有先前的风气，有我们的老规矩；在那里，供奉着祖先牌位，供奉着天地人的大道理；在那里，血脉绵延，传承赓续，生生不息。我们相信，只有以育人、养人的眼光去发展经济，以保护和传承中华民族文化的气魄去参与区域合作和竞争，珠海才是一座充满活力和潜力的城市！我们更相信，这次生动的乡土教育课程必将在学生的心里留下深刻的记忆，鼓励我们的学生去珍惜、保护传统文化资源，拥有更加强烈的文化自信心！

（珠海市文园中学　杨慧君、珠海市文园中学　郭利娜、
珠海市金山实验学校　刘昌言）

第二节　单元教学视角下的《人文珠海》教学策略初探

《人文珠海》系列教材是一套以“香山文化”为主轴，涵盖了珠海地区从古至今的地理、历史、文化等方面概况的读本，具有本土性、实践性、综合性、导向性等鲜明的特色。如何有效地使用该套教材，提高学生的学习兴趣与学科核心素养，是一个全新的挑战。本文从单元教学的角度对《人文珠海》的教学策略作初步的探索，以求教于方家。

一、精读教材，提炼单元教学目标

从教学的角度来看，“单元是教学过程中相对完整的学习‘段落’。单元教学设计体现为一个主题在一定时间段的教学计划，单元教学设计的要

素有目标、内容、活动、作业、评价和资源等，单元教学设计结果表征为单元教学设计各要素之间的关联、搭配、安排”。其中，单元教学目标是单元教学的核心要素。为了使学生经过单元学习以后达到预期效果，首先应当精读教材，提炼出合适的单元教学目标。

依据《义务教育历史课程标准（2011 年版）》，可以从“知识点”“史学思想与方法”“情感、态度与价值观”三个维度有所侧重地整合单元教学的内容，提炼单元教学主旨。如以“知识点”为线索，可以将与容闳、唐国安、黄宽、唐绍仪等珠海近代历史名人相关的内容整合为“近代珠海名人文化”，并从中提炼单元教学目标：“了解近代珠海重要名人的生平，体会其敢为人先的精神”。

但以“知识点”为线索来整合内容，提炼教学主旨，往往辐射面不广，无法更深入地推进课堂教学活动，所以一般采用“史学思想与方法”和“情感、态度与价值观”两个维度。

例如，在学习珠海古代史时，可将第一单元从先秦时期到明清时期的三课整合为两个主要内容：“考古发掘中的珠海文化”“历史文献中的珠海文化”，并将单元目标设定为“理解考古发掘的证据价值，学会运用‘二重证据法’获得信史；并通过学习，理解珠海文化源远流长，树立起对珠海的热爱之情”。通过这一单元内容的学习，与国家课程中的相关内容进行联系记忆，培养学生史料实证和历史解释的核心素养，深化学生对家乡的热爱之情。

二、挖掘资源，设计有深度的教学活动

《人文珠海》系列教材最大的亮点是设计了大量的综合实践活动课。笔者在走访珠海部分中小学的过程中发现，部分老师的课堂教学喜欢以多种活动形式展开，以培养学生的兴趣与能力，但这些教学活动往往教学目

标不明确，效果有限。有鉴于此，笔者认为要深化单元教学活动，应当从以下几方面入手：

（一）强化单元教学目标的内部逻辑

从教学的角度来看，要实现预设的单元教学目标，有赖于对单元教学目标的细化，以及每一个细化目标的实现，因此厘清细化目标之间的逻辑关系尤为重要。这可以通过“平行强化”与“循序渐进式强化”两种方式实现。

“平行强化”是指“针对同一目标中的核心概念……分解成几个平行的子概念，通过对基于子概念的目标的多次训练，强化对这一目标的应用”。例如，珠海“古村落”的单元教学目标为“从历史的角度认识家乡的历史遗迹，认同和热爱家乡的历史文化传统，从而尊重和热爱祖国的历史和文化，增强学生的民族自信心和自豪感”。其目标核心概念为“认同和热爱家乡的历史文化传统”“增强学生的民族自信心和自豪感”，因而每部分内容的学习重点与细化目标设置，就可以围绕这几个概念进行平行强化。

表 4-2-1 “古村落”单元教学目标细化表

单元	子目	情感教育目标
遍游古村	南门村	激发学生学习探究历史的兴趣，体会古人的智慧，增强学生对中华文化的自信心
	排山村	
	会同村	从中西结合的建筑风格中感受近代珠海人敢为人先的精神，培养学生对家乡的热爱之情

“循序渐进式强化”是指“将目标分解成相互关联递进的几个层次，逐层推进，最终达成目标”。这种做法比较适合于史学思想与方法类的单元学习目标。如为了培养学生的历史解释能力，可以根据课标，将其分解为“获取和理解信息”“评价历史解释”“构建历史解释”三个层次。在学

习“珠海近代化”一章内容时，就可以将不同的训练子目置于不同的学习内容下。

表 4-2-2 基于历史解释能力训练的“珠海近代化”单元教学目标细化表

目标内容	活动探究问题	依托内容
获取和理解信息	讲述近代留学先驱的故事，学会依据史料评价历史人物	西学东渐，近代留学教育的发源地
	讲述近代珠海人实业救国的故事	实业救国，中国民族资本主义的先驱
评价历史解释	人们怎么评价这些人，为什么	中西交汇，近代珠海的对外开放
构建历史解释	怎么评价香洲开埠、中山模范县与中山港的建设这种与港澳争利的行为	

（二）以核心素养作为评价导向

随着新课程改革对综合实践活动课程的关注，越来越多的一线教师开始结合多种多样的活动来开展地方历史文化课程。《人文珠海》的单元扩展活动也反映了这一课程改革潮流，如设置了走访调查、设计导游路线、实地考察等活动。然而，在实施过程中往往会出现学生活动肤浅化的情况，学生在进行一系列实践后，学科能力并没有得到质的提升。究其原因，就在于综合实践活动的导向性不明确。

因此，在开展《人文珠海》的教学时，为使教学更高效、有的放矢，可以综合考虑各种因素，结合课程标准与预期学习结果，把评价设计与教学目标联系起来，改变传统的“设计教学目标—组织教学过程—实施评价”的线性过程，有助于学生明晰课程的学习目标与学习要求。在当下，设计评价最重要的依据就是历史学科的核心素养，它本身从学术的高度对历史学科的学习目标提出了要求，所以在《人文珠海》的单元活动中以学科核心素养作为导向，能极大地提升教学活动的深度。

如在讲到改革开放后珠海的发展时，涉及港珠澳大桥建成的意义，如果仅仅让学生游览一下这座伟大的桥梁，并不能在感情上激发学生对家乡、对祖国的热爱之情，因此笔者特意设计了一场有关港珠澳大桥建成意义的讨论。为了提升讨论的深度，笔者把讨论的技巧监测点放在“史料实证”这一角度，并设计了如表 4-2-3 的评价细则。

表 4-2-3　基于史料实证能力培养的“港珠澳大桥建成意义”讨论评价细则

一级指标	二级指标	评价标准
史料实证	史料收集	1. 没有弄清楚完成任务所需要的资料，收集途径单一，资料指向性不明确
		2. 能够从多种渠道收集不同的资料，资料类型较为丰富
		3. 可以综合运用各种高级技能（如通过知网、谷歌学术等学术网站上的高级搜索功能）收集资料，资料类型非常丰富
	史料评估	1. 对完成任务所需的史料来源、价值与作用不作任何评估，直接使用于结论的论证
		2. 能够辨析不同类型的史料所具有的不同价值，明白史料在历史叙述中的基础作用
		3. 在对不同史料进行比较、分析后，对其可信度作出合理的评估
	史料运用	1. 从史料中得出的结论为同义反复，或不能证明结论
		2. 用不同类型的史料证明同一个观点，但该观点仅能反映史料的部分内容
		3. 在辨别史料价值的基础上得出结论，并能运用不同类型的史料对结论进行互证
	实证精神	1. 并未意识到只能从现存史料中构建历史事件，或仅能从结论出发寻找史料
		2. 对于收集到的史料能经过自己的思考与辨析，去伪存真
		3. 在现实生活中也能形成求真、务实的处事态度

三、温度：体现价值引领，培育家国情怀

促进人的健康成长是教育的最终目的。地方历史文化课程最终目的也是完成立德树人的教育目标，使学生健康成长，为学生的未来发展奠基。要完成立德树人的教育目标，就要让学生从对乡土文化的学习中理解、认同乡土文化，从而激发其尊重与热爱祖国之情，最终落实到行动中，勇于承担时代赋予的使命。

那么，如何在地方课程中利用单元活动教学来提高学生的家国情怀呢？以珠海市第二中学缪晓虹老师的“走向未来的丝绸之路”为例，她以香山文化为依托，用“丝绸之路”这一线索贯穿始终，精选了徐润、陈芳、莫氏家族、容闳、香洲开埠与中山港建设等典型历史人物与历史事件作为学生课堂的探究内容，深入挖掘史事、历史人物对于今天的意义，拓宽学生的视野。

表 4-2-4　“走向未来的丝绸之路”单元教学探究问题一览表

课题	探究问题落脚点
潮起伶仃洋——走向新丝路的珠海人（主要研究对象为徐润）	在徐润等先贤的引领下，位于对外开放前沿的珠海是如何走在探索的路上、前进的路上和“狂奔”的路上
一路“芳”华——从香山埠到夏威夷（主要研究对象为陈芳）	珠海应如何充分利用血脉相连的华人华侨优势，引进高端人才，促进高端产业、创新产业发展，建设“一带一路”的标杆，实现高水平对外开放和经济跨越式发展
从凤凰山麓走来——莫氏家族扬名香江之畔（主要研究对象为莫氏家族）	以珠海古村落会同莫氏家族百年买办的历史为载体，联系当今的中外贸易、文化交流，来说明莫氏家族史对现在的借鉴意义
回眸那些年、那些事——从香洲开埠到大湾区腾飞（主要研究对象为香洲开埠与中山港建设）	着重论述两次开埠对外开放的贡献，以及在“一带一路”倡议下对珠海的未来展望

（续表）

课题	探究问题落脚点
交流、纽带与启示——从开放到跨越（主要研究对象为容闳）	重点研究“中国留学生之父”容闳对近现代中外交流的贡献和其对于现代文化交流的启示

从表 4-2-4 可以看出，这一单元教学活动把《人文珠海》当作教学资源，在“走向未来的丝绸之路”这一主题的统摄之下，引导学生从对历史的学习，转向对现实世界的关注，解决需要实践参与才能得出答案的问题，在实现知识与能力迁移的同时培养学生未来所必备的社会意识、社会责任感与文化自信。这种教育的意义超出了学科的范畴，它是面向未来的教育，这正是《人文珠海》教学对人的关怀的体现，也是这一课程的温度所在。

（珠海市拱北中学　梁艳芳）

第三节　依托《人文珠海》构建富有地方特色的综合实践活动课程

近年来，新课改持续推进，推动着地方课程的不断开发。2018 年 3 月，经过数年努力，《人文珠海》系列教材面世，该教材编写质量极高，并且有大量的综合实践活动内容。本文拟依托《人文珠海》系列教材，探讨如何构建富有地方特色的综合实践活动课程。

一、珠海综合实践活动课程的施教困境

（一）课时安排问题显著

2017 年，教育部制定的《中小学综合实践活动课程指导纲要》对综合实践活动课程课时安排有明确规定："小学 3—6 年级和初中，平均每周不少于 2 课时"。但在实际操作中，由于教学任务及课时紧张等问题，珠海大部分学校并未单独安排综合实践活动课时，教师一般只能利用第二课堂、自习课甚至课外时间来施教。

（二）缺乏健全的综合实践活动课机制

一是教师队伍机制的不健全。综合实践活动课程缺乏专职教师，大部分老师都是由其他学科老师兼任，教师素质参差不齐，缺乏专业训练，在课程理念和教学目标方面存在较大差异，对教学内容的理解也存在偏差，最终导致课程的施教效果无法达到课程纲要的要求。二是缺乏健全的评价机制与监督管理机制，也未能充分调动相应的社会人员（如专家、博物馆工作人员等）形成合力，导致课程实施往往轰轰烈烈地开展，却悄无声息地结束。

（三）课程资源开发不足

课程资源开发不足，未能充分挖掘课程资源的实践价值，课程主题选择不当，目标不明确，等等，使得综合实践活动课就像"无本之木""无源之水"。对于经验不足的一线教师而言，活动主题、形式、素材、地点的选取，都是较大的挑战。

二、《人文珠海》与综合实践活动课有机整合的策略和方式

鉴于上述问题，我们将围绕着《人文珠海》来设计相关的综合实践活动课，力求摆脱目前的困境。《人文珠海》设计了大量综合实践活动内容，

可以为综合实践活动课提供系统化、多样化的活动主题与形式，是成熟可用的地方课程资源。地方历史课程“落地”需要活动平台支撑，综合实践活动课程需要鲜活可用的课程资源，两者在课程整合上可以实现互补。

如何实现《人文珠海》与综合实践活动课的有机整合？施教者应整体观照《人文珠海》，以单元、课目、子目与课后“训练与探索”四个维度，建构综合实践活动体系化的“主题群”，开发主题活动项目，实现课程资源整合。

（一）以《人文珠海》的单元框架为主线，开发系列性综合实践活动主题

《人文珠海》的单元框架涵盖珠海历史文化的发展脉络。在初中学段，应结合学科国家课程实施进度，开发一系列综合实践活动。要注意的是综合实践活动主题应同步或稍晚于历史学科教学进度，以保证学生对内容所属的宏观历史背景有一定的认识。

表 4-3-1 《人文珠海》的单元框架和综合实践活动主题

学科进度	《人文珠海》单元框架	综合实践活动主题
七年级下学期（中国古代史）	第一单元　古代珠海：依海为生，南海明珠的往昔	海洋文明下的珠海古代史
八年级上学期（中国近代史）	第二单元　近代珠海：风气之先，引领中国近代化	珠海近代历史名人文化
	第三单元　近代珠海：不息薪火，传承珠海革命精神	珠海近代革命历史文化
八年级下学期（中国现代史）	第四单元　现代珠海：乘风破浪，从渔民县到经济特区	珠海现代城市发展历程

（二）以课目作为主题，根据子目内容，设计综合实践活动

《人文珠海》一共 12 课，每一课都可作为一个综合实践活动主题，依据每课的三个子目内容整合成各类形式的实践活动，以第 1 课与第 4 课为

例，见下表。

表 4-3-2 《人文珠海》第 1 课与第 4 课实践活动

课目 / 活动主题	子目	活动形式
第 1 课 先秦时期：珠海早期海洋文明	1. 独特的沙丘遗址 2. 史前珠海的《清明上河图》 3. 青铜时代	1. 参观考察：宝镜湾沙丘遗址、珠海博物馆 2. 文献研究：《珠海沙丘遗址研究》《珠海宝镜湾岩画判读》等 3. 采访：采访珠海沙丘遗址考古工作者
第 4 课 西学东渐，中国近代留学教育的发源地	1. “中国留学生之父”——容闳 2. 远赴欧洲，东渡日本 3. 百年留学，薪火相传	1. 参观考察：容闳故居、甄贤学校、唐国安故居、中大五院黄宽雕塑等 2. 文献研究：关于珠海留欧、留日等历史名人及珠海近代留学生历史贡献的相关历史图书 3. 采访调查：采访珠海留学家族后人 4. 问卷调查：“对于留学问题的思考”

（三）把史料资源丰富、有德育价值的子目整合成活动主题

《人文珠海》中，若某个内容的史料资源丰富，历史影响深远，存在较大的挖掘空间与价值，可单独整合成综合实践活动主题，如第 2 课第 2 子目“宋元海战”与第 9 课第 2 子目“日军在三灶的殖民统治”，见下表。

表 4-3-3 《人文珠海》子目活动整合示例

子目	主题	活动形式
第 2 课第 2 子目：宋元海战	南宋之殇	1. 参观考察：宋元海战博物馆、崖山祠、斗门赵氏祖祠（菉猗堂）等 2. 文献研究：宋元海战的相关历史图书、宋元海战相关的纪录片 3. 采访调查：采访南宋王族后裔
第 9 课第 2 子目：日军在三灶的殖民统治	浴火三灶	1. 参观考察：三灶万人坟、兴亚第一国民学校遗址、神社遗址、慰安所等 2. 文献研究：《浴火三灶》、《三灶 1938》、《三灶岛特报》（日军机密文档） 3. 采访调查：采访三灶岛历史见证人

（四）把课后“训练与探索”板块转化为综合实践活动

《人文珠海》每课后，都有两道“训练与探索”题目，题目一般以主题化形式设置，操作性强，指引明确，可以直接转化为综合实践活动项目。

表 4-3-4 《人文珠海》“训练与探索”板块转化

“训练与探索”题目	活动形式
《人文珠海》第 42 页第 1 题：“西方文明侵略的前夜——淇澳岛抗英斗争” 请同学们根据以下线索，利用课余时间重回淇澳抗英现场。 第一站：眺望伶仃洋 第二站：寻找“偷牛迳” 第三站：寻访天后宫 第四站：参观淇澳岛抗英广场 第五站：漫步白石街	实地考察
《人文珠海》第 60 页第 2 题：“万山岛上的好‘妹仔’” 岁月流转，“万山十姐妹”的精神依然值得我们学习。建议同学们采用小组分工合作的方法，到万山镇采访当事人或当地居民，发掘“万山十姐妹”身上值得我们学习发扬的精神，并将你的采访结果撰写成文	调查访谈

（五）巧用《人文珠海》特色栏目，以问题引领综合实践活动

综合实践活动强调培养学生的问题意识，培养学生发现问题与解决问题的综合能力。《人文珠海》设置了“学史之思”“旧史今感”“史学资源”等特色板块，可以将其转化为综合实践活动中的探究问题。

表 4-3-5 《人文珠海》特色板块转化

特色版块	问题转化	形成主题
《人文珠海》第 3 页“学史之思”板块： 珠海沙丘遗址的早期海洋文化与中原农耕文化有哪些差异？	1. 什么是沙丘遗址 2. 珠海有哪些沙丘遗址 3. 珠海早期先民在沙丘遗址所处时期的生活状况是怎样的 4. 处于海洋文化影响下的珠海先民与中原农耕文化下的人民，在人文性格上有何差异	早期海洋文明下的珠海先民

（续表）

特色版块	问题转化	形成主题
《人文珠海》第26页“史学资源”板块： 为帮助同学们进一步了解本课中提到的历史人物，推荐阅读以下图书：《珠海历史名人》（上下册）、《珠海历史回眸》和《改变中国的十二位香山子弟》等	1. 课文中列举的历史人物有谁 2. 除了课文列举的人物外，在推荐图书中，还有哪些珠海历史名人 3. 这些历史人物如何影响中国历史	影响中国历史的珠海历史名人
《人文珠海》第27页“名人感言”板块： 中国可无李鸿章，但不可无唐廷枢。——李鸿章	1. 唐廷枢是谁 2. 李鸿章为何如此评价唐廷枢 3. 他们有何关系	洋务运动中的珠海人——唐廷枢

在开展上述综合实践活动时，可与相关的社会部门联系合作，开展志愿者服务，开展宣扬珠海历史文化的社会服务。通过让学生设计历史展板，将实践活动中得到的历史知识与历史感悟转化为实物，宣扬珠海历史文化。另外，可与主题场馆开展合作，如珠海博物馆、名人纪念馆等，组建优秀的学生志愿讲解团队，开展公益性的志愿讲解活动，既能锻炼学生能力，培养学生爱国爱乡情操，又能传承珠海历史文化。

三、关于开展历史综合实践活动课程的建议

在中学学段，大部分学校未开设综合实践活动课程，或者已开设课程，但具体实践处于低效或无效的状况。针对此情况，笔者结合自身多年开展综合实践活动的经验，提出如下建议：

（一）与学校部门工作整合，开展综合实践活动课程

开展综合实践活动课，可借助学校教学和德育部门的力量，尤其是与团委或学生处的爱国主义教育主题活动进行整合，在场馆联系、活动所需物资（如车辆、经费）等方面，得到必要的保障。另外，也可结合学校科

技节与学科周活动，展示综合实践活动成果。例如，笔者借学校历史学科周之机，开展“小细节感受时代变迁，旧照片触碰历史温度”的主题实践活动，学生搜集家庭相册中的珠海旧照片，到旧照片上的“当代现场”打卡，同时采访家中长辈，了解珠海时代变迁下祖辈的感受。将活动照片喷绘成展板，借历史学科周之机，向全校师生进行成果展示。

（二）“定时、定群、定量”，规范化开展综合实践活动课程

结合珠海目前开展综合实践活动课程在现实中遇到的课时落实难等问题，笔者认为，可通过开设第二课堂的形式，先将课时与学生群固定，借鉴综合实践活动课程开展成熟的城市的经验，进行规范化综合实践活动课程的管理。

另外，还可利用时间较长的假期，如寒暑假，预设下学期的综合实践活动主题，提早布置相应的任务。推荐学生参观珠海的相关历史遗址或景点，观阅有关珠海历史的纪录片或文献，为新学期的实践活动积累素材与活动经验。

（三）以历史学科为主导，跨学科开展综合实践活动

综合实践活动课程，在本质上就是培养学生综合素质的跨学科实践性课程。历史学科本身就是一门综合性人文学科，它涉及古今中外，涉及自然和社会的各门学科，其内容异彩纷呈，纵横交错，相互影响，具有不同学科联系的交融性。正如我们在了解一个城市的历史时，最先介绍的往往是这个城市的区域地理、气候生态、风俗语言等内容，包含历史、地理、生物与语言文化等学科，具有跨学科的综合性。因此，在设计综合实践活动时，在符合历史学科的要求下，应更全面地运用其他学科如地理、生物、语文等的研究方法去指导学生开展探究活动，让活动得以更好地推行。

对于《人文珠海》系列教材而言，综合实践活动课程是富有创造性的

课程实践平台，是地方课程“落地”成为教学现实的良好载体。它改变传统的课堂模式，转向以活动为中心、以问题解决为主线、以任务为导向的课程模式，对学生的素质提高与教师的专业成长都有积极意义。同时也拓展了历史学科的教学深度与广度，革新教学模式，带领师生共同走进鲜活的现实中，去触摸历史，了解家乡的文化，对传承家乡历史文化、弘扬中华传统优秀文化、塑造爱国爱乡情感大有裨益。

（珠海市第九中学　蒋巧珍、珠海市教育研究中心　刘洪生）

第四节　任务驱动教学法下的初中历史研学旅行课程评价设计

2017 年，国务院印发的《国家教育事业发展“十三五”规划》中明确指出，在教育教学改革中要“推动合作探究式学习，倡导任务驱动学习，提高学生分析解决问题的能力”。这是“任务驱动学习”首次出现在文件中。任务驱动教学法是一种建立在建构主义学习理论基础上的教学法，它强调在学习过程中，学生在教师的帮助下，围绕一个共同的任务活动中心，在强烈的问题动机的驱动下，通过对学习资源的积极主动应用，进行自主探索和互动协作的学习。

这一教学法在指导初中研学旅行课程的设计与实施方面有积极意义，但是如果缺少明确、具体的表现标准，缺少合理的评价体系，任务驱动教学法对研学旅行课程的指引作用往往难以实现，也无法衡量学生的学习过程与结果，进而难以促进学生在研学旅行课程中得到学科能力的提升与全面持续发展。所以，设计一套合理的评价制度，显得尤为重要。

一、理论依据

任务驱动教学法的理论从 20 世纪 90 年代开始传入中国，但目前还没有形成比较系统的研究，将这一教学理论与历史学科系统地结合起来的研究更是少之又少，所以尚没有形成比较完善的评价体系，故而需要借助其他理论作为课程评价设计的依据。

（一）历史学科理论

随着 2013 年 2 月国务院办公厅印发《国民旅游休闲纲要（2013—2020 年）》，研学旅行逐渐被纳入学生综合素质教育范畴，而且被置于落实立德树人教育任务的战略新高度。因此，评价机制作为初中研学旅行课程的重要导向，它的设计不能脱离国家教育方针与学生成长规律。

初中历史课程承担着普及历史常识的任务，初中历史课程的教学，应当使学生掌握中外历史的基本知识，初步掌握学习历史的基本方法与基本技能。因而在研学旅行课程的评价设计中，应当充分体现历史学科的基本要求。以评价引导和促进学生历史学科核心素养的培养和提高，使学生通过研学课程的学习逐步形成具有历史学科特征的正确价值观念、必备品格与关键能力。研学旅行课程的评价设计应以学生历史学科核心素养的整体发展为着眼点，从评价目标、评价内容、评价细则等多方面，恰当有效地评价在研学旅行过程中学生历史学科核心素养培养的达成度，从而使学生能够通过研学旅行拓宽历史视野、发展历史思维。

同时，中学历史课程也有重要的育人功能，因而在研学旅行评价设计中，应该充分考虑以下问题：是否能够通过研学旅行课程，帮助学生树立正确的世界观、人生观、价值观和历史观，为他们进一步学习打下基础？

是否能够在研学旅行过程中，培养学生的责任感、沟通技巧、团队合作意识等综合素质，从而有利于他们将来的工作与生活，为学生终身发展奠定基础？

（二）表现性评价理论

表现性评价是20世纪90年代早期在美国最先兴起的一种评价方式，它是通过完成一些实际的任务，引导学生的真实表现，以此来评价学生掌握、运用知识和能力的方法。表现性评价有几个特点：是对学习的直接测量；评价本身既是测验，又是学习活动；既测量结果，又评价过程；具有多重评估功能。因此，在新一轮课程改革中，尤其是在学业评价方面，表现性评价得到了越来越多的关注。

在理念上，它与任务驱动教学法有相似之处，两者都强调通过任务来激发学生的学习热情与学习兴趣，开启学生的学习探索之旅；在解决任务的过程中，教师要给予充分的引导，发挥学生的主体积极性，促使教学教育目标得以落实，学生的能力在这一过程中得到提升。

同时，研学旅行课程作为学校课程的重要补充与延伸，更强调学生的实践活动能力与综合素质的提高，所以在设计研学旅行课程的评价体系时，要遵循评价目标多维度、评价主体多元化的原则。在这一点上，研学旅行课程的评价目标与表现性评价的理念相一致，因此，可以在构建研学旅行课程评价中，引入表现性评价作为课程评价体系设计的指导理论。

在具体实践过程中，研学旅行课程可应用历史调研、实地考察、采访等操作性较强的活动方式；在成果汇报形式上，也会使用到历史论文、历史调研报告、辩论会等综合性较强的形式。表现性评价强调学生在真实的或模拟的情境中运用所学知识去分析问题与解决问题，评价学生表现与水平，能与研学旅行课程很好地结合在一起。另外，由于表现性评价指标是在学生开始执行任务之前就已经制定，所以能更有针对性地指导学生按照标准完成任务，促进学生实现自我能力的提升。

（三）SOLO 分类理论

SOLO（Structure of the Observed Learning Outcome）分类理论是澳大利亚学者约翰·比格斯和凯文·F. 科利斯创建的一种以等级来描述智力发展的质性评价方法。它大致有两个基本观点。

第一，一个人在回答某个问题时所表现出来的思维结构，与这个人总体的认知结构是没有直接关联的。比格斯经过研究认为，人对具体知识的认知过程具有阶段性的特征，一个人的总体认知结构是一个纯理论性的概念，是不可检测的。而一个人回答某个问题时所表现出来的思维结构却是可观测的，他称之为“可观测的学习结果的结构”。

第二，学生在回答某个问题时所体现的思维水平也具有层次性。SOLO 分类理论将学生学习结果从低到高分为五个不同层次：前结构层次，指学生基本上无法理解问题和解决问题，只提供了一些逻辑混乱、没有论据支撑的答案；单点结构层次，指学生找到了一个解决问题的思路，但仅凭一点论据就直接跳到答案上；多点结构层次，指学生找到了多个解决问题的思路，但并未将这些思路有机地整合起来；关联结构层次，学生找到了多个解决问题的思路，并且能够把这些思路结合起来思考；抽象扩展结构层次，即学生能够对问题进行抽象概括，从理论的高度来分析问题，而且能够深化问题，使问题本身的意义得到拓展。

从前结构层次到抽象扩展结构层次，SOLO 分类理论提供了一种依据递增的结构测量学习质量的方法，它不是用二元的方式把学习结果划分为对和错两类，而是依据学习结果判断学生的认知水平，并将其作为划分个性教育的依据。

在这点上，SOLO 分类理论与表现性评价理论相得益彰。因为尽管表现性评价融合诊断性评价、发展性评价、形成性评价等多种特质，但是对于其评价层级体系，国内一直未有较为权威的研究成果发表，而 SOLO 分类理论所提供的一种观测学生学习成果的分层理论，恰恰能弥补表现性评价理论在这方面的不足，为表现性任务的评价指标提供相对科学的评价层次划分。

二、评价指标与评价方式

（一）任务驱动教学法下历史研学旅行课程设计的基本思路

历史学科的研学旅行课程设计，首先要遵循历史学科的特点。在实践的过程中，要注意围绕历史学科的教学目标，选择恰当的人文遗迹、风俗习惯、文物史料等进行考察学习，从而改变学生的学习方式，提高学生的历史问题探究能力、表达和交流能力等。在研学旅行课程实践过程中，学生可以和同伴对某个主题的文化习俗、历史遗迹、社会风俗等进行探究，在交流、分享过程中，自主融合提炼，由书本延伸到课外，更深刻、客观地体悟历史现象及历史规律。

其次，要遵循学生的认知规律。初中生精力充沛、活泼好动，思维方式已经逐步向抽象思维方式过渡，但感性思维仍然占据相当大的比重，因此他们的思维模式更偏重于经验型理性思维。所以，在设计研学任务时，应注意设置能激发学生动手实践的任务，以充分利用其年龄特征，让学生在实践中习得各项技能。这一方面利于情境和经验转化，使学生的学习方式由单一走向统合，促进学生自主探究、交流协作；另一方面，通过拓展学生的课程资源与学习场域，培养学生终身学习所需要的技能，促进深度学习，进而促进学生探究能力、批判性思维及创造性思维的培养，利于历史学科核心素养的培育。

最后，课程设计应充分发挥研学旅行重实践的特点。研学旅行引导学生从教室走向自然，实现了“读万卷书，行万里路”的素质教育方式，是学校教育和校外教育相结合的创新形式，在实践过程中培养学生的学习兴趣、学科能力与意志品格。

研学旅行课程建立在对特定区域的自然和人文环境特征、学生年龄特征和兴趣特征、多学科课程进行综合分析的前提下，师生共同设定研学内容、研学路线与方案、研学时间。通过探究文化习俗、生产方式、生活方式及隐含的历史因素，一方面促使学生关注生活，关注生存状态及成因探究，习得综合性的历史知识、历史思维与技能；另一方面强化对文化、生活的体验，认识自我与他人，促进文化传承，强化认知层面与情感态度层面的统合与升华。在研学过程中，培养自我思维、道德意识及公共精神，培育文明素养与文化宽容，提高社会责任感，体现核心素养的要求。

因此，任务驱动教学法下的初中研学旅行课程设计的基本思路可以用如下示意图表示：

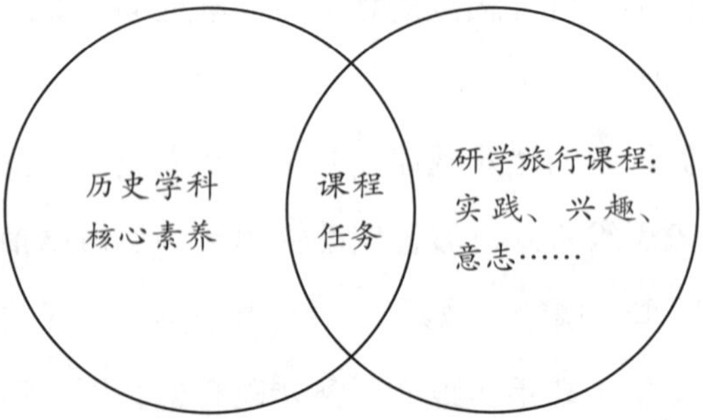

图 4-4-1　任务驱动教学法下的初中研学旅行课程设计的基本思路

（二）表现评价视域下的可观测评价指标确定

根据表现性任务的不同表现方式，可以把表现性评价分为表达性评价、操作性评价和动作性评价。不同的评价方式可以检测不同的学科核心素养，下面参考 2017 年颁行的《普通高中历史课程标准（2017 年版）》，将它们的匹配结果显示出来。

表 4-4-1　核心素养与表现性评价的匹配简表

核心素养	表达性评价	操作性评价	动作性评价
唯物史观	可以通过演讲、作文、小论文等方式评价学生的掌握情况	不太适合评价历史学科的核心理论，其他方式更好	不太适合评价历史学科的核心理论，其他方式更好
时空观念	可以通过小论文、作文等方式评价学生的掌握情况	可以通过制作大事年表、制作录像等方式对此项技能进行评价，但不适用于较高思维层次的能力评价	不太适合评价历史学科的核心思维，其他方式更好
史料实证	可以通过演讲、作文、小论文等方式评价学生的掌握情况	可以通过收集史料、辨析史料、考证史料等活动，对学生所掌握的程序性技能作评价，但不评价内容	不太适合评价历史科学的核心技能，其他方式更好
历史解释	可以通过演讲、作文、小论文等方式评价学生的掌握情况	可以通过对史事的解释对学生的程序性技能进行评价，但是不涉及内容的评价	可以通过戏剧表演、视频拍摄等方式评价学生重构历史事件的能力
家国情怀	可以通过演讲、作文、小论文等方式评价学生的掌握情况	不太适合评价历史学科的核心价值观，其他方式更好	可以通过戏剧表演、话剧表演等方式评价学生的情感态度倾向

（三）任务驱动教学法下的研学旅行课程评价指标确定

根据历史学科核心素养与表现性评价任务的匹配程度，我们可以为研学旅行课程中的不同任务设置相应的、能够评价学生水平的评价指标。

表 4-4-2　任务驱动教学法下的研学旅行课程评价指标

一级指标	二级指标	行为表现解释	评价任务示例
唯物史观	唯物史观基本观点	了解唯物史观的基本观点与方法，并将其运用于历史的学习与探究中	纸笔任务（如论述题）
	唯物史观基本方法		

（续表）

一级指标	二级指标	行为表现解释	评价任务示例
时空观念	时空概念认识与表述	辨析历史叙述中不同的时间与空间表述；在叙述史事时能够运用恰当的时间和空间表达方式	大事年表制作
时空观念	时空思维能力	在特定的时空框架下对历史事件进行分析、比较、综合，认识时空演变规律，理解空间与环境因素对认识现实与历史的重要性	展示
史料实证	史料收集	在探究历史问题时，从不同渠道获取与该问题有关的资料	辩论
	史料评估	辨析不同史料的不同价值与作用	
	史料运用	合理使用史料论证所探究的历史问题	
	实证精神	形成求真、实证的态度	
历史解释	获取和理解信息	区分历史与历史解释，并从中提取有关信息	历史调研
	评价历史解释	能就遇到的各种历史解释作进一步思考，并探究不同历史解释之间的异同及成因	历史调研
	构建历史解释	基于史料，对具体史事作出解释，尝试从历史的角度解释现实问题	
家国情怀	把握规律	从历史的角度认识中国具体国情，了解人类社会历史发展的基本趋势等规律	历史论文
	情感态度	形成正确的世界观、人生观和价值观，认识到自身肩负的历史使命	

三、任务教学法下的研学旅行课程评价细则设计

根据具体化的核心素养项目，结合 SOLO 分类评价理论，我们可以对评价指标作出初步的评价层级划分，表 4-4-3 所列的每项数字对应 SOLO 分类法下的一个层次，分别为：1——前结构层次，2——单点结构层次，3——多点结构层次，4——关联结构层次，5——抽象扩展结构层次。

表 4-4-3　任务驱动教学法下的研学旅行课程评价细则表

一级指标	二级指标	三级指标：评价细则	
		SOLO层次	层次描述
唯物史观	唯物史观基本观点	1	对唯物史观一无所知，或机械地提到唯物史观的基本观点与方法，但是并不明白其中含义
		2	研学成果体现唯物史观其中一个基本观点或基本方法
	唯物史观基本方法	3	用孤立的、有限的研学素材推导唯物史观下的规律，并忽略与理论不一致的素材
		4	能接受所有的研学素材，并试图在唯物史观的指导下，协调相互矛盾的素材或与原有认知不一样的知识，建立它们之间的联系，但没有讲清楚问题
		5	认识到研学所得是更为普遍的历史规律中的特例，并能够在唯物史观的指导下，为没有遇到的例子作出假设，并尝试给出开放式结论
时空观念	时空概念认识及其表述	1	研学成果展示没有考虑到时空因素，或时空关系混乱
		2	仅能从时间或空间某方面展现研学成果，但使用的表述方式、呈现方式较为单一
		3	虽然只能从时空因素中的某方面展现研学成果，但运用了多种方式呈现成果
		4	可以综合运用多种方式展示研学成果中体现的时空因素
		5	
	时空思维能力	1	对研学旅行任务要求不清楚，没有从时空角度考虑问题
		2	仅能分析史事发生的时空背景中的某一点，并理解其对现实与历史的重要性
		3	能够分析历史事件发生的时空背景，理解空间与环境因素对认识现实与历史的重要性
		4	把握相关史事的时间、空间联系，从纵向与横向比较史事发生的时空背景，并试图探索历史变化的规律，但未能清晰、全面地表达出来
		5	在独特的时空框架下对史事进行分析、比较、综合，探索历史变化的时空规律，并理解其对历史与现实的重要性

（续表）

一级指标	二级指标	三级指标：评价细则	
		SOLO层次	层次描述
史料实证	史料收集	1	没有弄清楚完成任务所需要的资料，收集途径单一，资料指向性不明确
		2	仅从一个途径收集资料
		3	能够从多种渠道获取资料，但资料类型比较单一
		4	能够从多种渠道收集不同的资料，资料类型较为丰富
		5	可以综合运用各种高级技能（如通过知网、Google Scholar等学术网站上的高级搜索功能）收集资料，资料类型丰富
	史料评估	1	对完成任务所需史料的来源、价值与作用不作任何评估，直接使用于结论的论证
		2	能够对找到的史料进行简单的分门别类，并简单地评估其价值，结论简单直接（如“一手史料比二手史料更重要可信”等）
		3	能够辨析不同类型的史料所具有的不同价值，明白史料在历史叙述中的基础作用
		4	能够对不同史料进行整理和辨析，比较、分析不同来源、不同观点的史料
		5	在对不同史料进行比较、分析后，对其可信度作出合理的评估
	史料运用	1	从史料中得出的结论为同义反复，或不能证明结论
		2	用一则史料或单一类型的史料证明一个观点
		3	用不同类型的史料证明同一个观点，但该观点仅能反映史料的部分内容
		4	寻找不同史料之间的共同点，对每则史料的不同之处或矛盾之处也给予相应的重视
		5	在辨别史料价值的基础上得出结论，并能运用不同类型史料对结论进行互证

（续表）

一级指标	二级指标	三级指标：评价细则	
		SOLO层次	层次描述
史料实证	实证精神	1	并未意识到只能从现存史料中构建历史事件，或仅能从结论出发寻找史料
		2	知道要通过史料认识历史，但是并未重视史料的可信程度
		3	对于收集到的史料能经过自己的思考与辨析，去伪存真
		4	在努力重现历史的过程中，形成史料实证的态度
		5	在现实生活中也能形成求真、务实的处事态度
历史解释	获取和理解信息	1	不能区分客观历史与历史解释
		2	能够从研学对象中提取部分信息，如历史事件发生的时间、地点等
		3	能够有条理地讲述历史上的事情，概述历史发展的基本进程
		4	能够说出重要事件的经过及结果、重要历史人物的事略、重要历史现象的基本状况
		5	能区分历史叙述中的观点与史事
	评价历史解释	1	没有意识到对同一件事的历史解释会受到诸多因素的影响
		2	能够发现对同一对象的不同历史解释之间的异同
		3	能够从一个角度分析不同的历史解释形成的原因
		4	能够从多个角度分析不同历史解释的异同及成因
		5	能够综合多种因素，对历史结论进行分析
	建构历史解释	1	不能读懂史料，或对史料只是简单复述，并未作出解释
		2	能够选择、组织和运用相关材料并使用历史术语，对具体史事作出解释，但只是依据材料的一个相关点，结论有局限性，并且可能是武断的

（续表）

一级指标	二级指标	三级指标：评价细则	
		SOLO层次	层次描述
历史解释	建构历史解释	3	能结合唯物史观的相关理论与方法，对一系列史事作出解释，但只选择能论证结论的材料，忽略所有不一致的方面
		4	能够客观、全面地接受所有信息，并尝试协调相互矛盾的信息，在广泛收集史料的基础上提出自己的新观点
		5	能够自己补充、完善史料，全面、客观地论述历史和现实问题，构建历史事件的当代意义
家国情怀	把握规律	1	孤立地看待研学任务中出现的史事、人物，不能与所学知识联系起来，寻找其规律
		2	能够理解研学探究主题与研学地区的关系，并从当地历史文化特色来观照主题意义
		3	把研学探究成果与历史课堂所学联系起来，从更广阔的视角观察问题
		4	把研学成果与中国具体国情相联系，把握中华民族多元一体的发展趋势
		5	了解人类社会历史发展的基本趋势，以面向世界的视野和意识来观察中国国情
	情感态度	1	行为表现漠然，对历史命脉没有设身处地的感悟
		2	在研学过程中发现当地认同家乡、民族、国家的事例，并在提及时能想起少量名称
		3	能够体验到中华民族的优秀传统文化，感悟到近代中国人民为救亡图存和实现中华民族伟大复兴而进行的英勇奋斗和艰苦探索，并用恰当的形式以丰富充沛的情感和形象生动的例子展示出来
		4	有正确的国家观、民族观、文化观，能正确判断是非对错，行为态度情感鲜明
		5	内化家国情怀的内涵，能够将研学所得与家乡、民族和国家的发展繁荣结合起来，形成积极向上的人生态度，承担自己的时代责任

上表提出的是一个根据可观测的学习表现设计的总体评价细则，在实际运用中，很难面面俱到地落实，可以根据不同表现性任务的特点，结合某个项目，有针对性地设计出更为合理的评价细则。如在笔者设计的“读一座桥，品改革开放风云”中，以学生游历港珠澳大桥为主线，设计了一个任务：学生在参观完港珠澳大桥后，收集更多的资料，讨论港珠澳大桥在粤港澳大湾区发展中的意义。为了促进学生的史料实证能力与历史解释能力的培养，教师与研学课题组一起制定了以下评价细则。

表 4-4-4　基于历史解释能力培养的“读一座桥，品改革开放风云”评价项目设计

一级指标	二级指标	三级指标：评价细则		自评	小组互评	教师评价
		SOLO层次	层次描述			
史料实证	史料运用	1	在讨论过程中仅将所收集到的材料简单介绍一下，或材料不能证明结论			
		2	仅用一则材料或单一类型的材料来证明港珠澳大桥建成的意义			
		3	寻找了较多不同类型的材料（如报告文学作品、纪录片、档案等）来论述观点，但材料中可能存在不能证明结论的内容，并被有意识地忽略了			
		4	能在广泛收集材料的基础上，较为客观、全面地进行解读，对一些不能证明结论的材料也试图探索其成因			
		5	对史料来源可信度进行排列，找到最可靠的资料，得出结论，并能利用不同角度的材料进行互证			
历史解释	建构历史解释	1	仅能简单复述材料内容，结论是材料内容的同义反复，或者不清楚材料说明了什么			
		2	能够选择、组织所收集到的材料，并从不同角度阐述港珠澳大桥建成的意义，但每一点所使用证据较为单薄，浅尝辄止			
		3	在广泛收集史料的基础上，能结合唯物史观的相关理论与方法，从更开阔的视野来审视港珠澳大桥的意义，并试图验证已有结论，但存在对理论的生搬硬套			

（续表）

一级指标	二级指标	三级指标：评价细则		自评	小组互评	教师评价
		SOLO层次	层次描述			
历史解释	建构历史解释	4	能够较为客观、全面地分析所有信息，当遇到与已有知识储备不一样的材料时，能够继续搜索资料，尝试提出自己的观点			
		5	能够客观、全面地理解港珠澳大桥引发的分歧，从历史发展的脉络来理解港珠澳大桥建成的当代意义，并提出自己的观点			

自课程改革以来，课程评价设计被赋予了推动整个课程与教学改革的期望，而研学旅行作为当下教育领域的一个热点问题也备受关注，因此无论是从历史教学改革角度还是新时代育人要求出发，深化、细化课程评价研究，都是势在必行的。本文试图将表现性评价相关理论与 SOLO 分类理论结合，设计出适合初中历史研学旅行课程使用的评价表，并为下一阶段的研究做准备。

（珠海市拱北中学　梁艳芳）

第五节　依托综合实践活动的中学历史项目式学习研究

——以“珠海市三灶岛侵华日军罪行遗迹考察”为例

项目式学习是以小组为单位，旨在督促学生通过解决真实世界的复杂问题，完成精心设计的驱动性任务，从而获得知识与技能的系统教学模式。在新教改持续推进的背景下，统编高中历史教材不仅单课时的容量变大，而且以时间为线索的叙事方式使学生很难独立构建体系化的知识框架。学生对历史的认识，往往是粗线条的、不深入的。若对基本史事都没有较为深刻的理解，何谈核心素养的培育？项目式学习无疑提供了一种解决问题的路径。

项目式学习是围绕问题的解决而展开的。有了问题，教师和学生就可以对课时内容，甚至单元内容进行重新解析、整理、归纳。学生在解决历史问题的过程中，对知识的掌握由记忆上升到理解和运用的层次。此外，解决历史问题需要搜集史料，对史料作出解释，在解释的过程中探寻历史发展的规律，这又是培养历史学科核心素养的一个完整链条。

那么，应如何在中学历史教学中开展项目式学习呢？这是近年来学界方兴未艾的重要议题。笔者认为，可以依托综合实践活动进行中学历史项目式学习。

一、依托综合实践活动开展中学历史项目式学习的可行性与必要性

综合实践活动是国家规定的必修课，包括研究性学习、劳动技术教育、社区服务、社会实践等内容，它具有很强的实践性和探究性。依托综合实践活动开展项目式学习是否具有可行性呢？答案是肯定的。2001 年教育部颁行的《普通高中“研究性学习”实施指南（试行）》中提到，“根据研究内容的不同，研究性学习的实施主要可以区分为两大类：课题研究类和项目（活动）设计类。”由此，项目设计可以说是研究性学习的一部分，亦即综合实践活动的一部分。既然如此，那么综合实践活动和项目式学习在内涵逻辑上有较强的关联性（因为项目式学习的过程中也应囊括项目设计），两者的结合起码是没有巨大障碍的。

或有论者指出，既然综合实践活动与项目式学习的联系如此紧密，何必大费周折地以综合实践活动推动项目式学习，取其一端，岂不更好？不这样是因为项目式学习和综合实践活动仍有不同，且不同中渗透着互补。首先，虽然综合实践活动和项目式学习都在强调活动，但侧重点不同。综合实践活动更加强调活动本身的意义，而项目式学习更多地将活动作为一种手段或途径来使用。其次，项目式学习中的活动大都只用于解决项目问题，而综合实践活动除此之外还包括劳动技术教育、社区服务等。按照部委文件的解释，这里的社区服务应囊括社会责任意识等价值观教育。具体到中学历史教学，涉及对历史精神的传承和历史责任的担当。再次，不少学者也在强调项目式学习要走向跨学科素养的培养，这恰恰印证了其跨学科素养培养的缺失，而这正是综合实践活动的关键所在。所谓的综合，不仅仅是用跨学科知识去解决问题，在此基础上还要培养跨学科能力和素养。综上所述，将综合实践活动注入项目式学习开展的过程中，可以使项目式学习活动走向深度与立体，大有必要。

二、依托综合实践活动开展中学历史项目式学习的优势

项目式学习和综合实践活动都强调学生的协同合作与整体发展，都要求培养学生在现实世界解决复杂问题的能力。将综合实践活动注入中学历史的项目式学习，会带来一系列积极影响。

（一）提高学生主动性，强化学生主体地位

历史学作为一门基础学科，实践性与应用性并非其优势所在。这就导致传统教学活动中，教师大体上仍是依 托文献史料展开教学，学生始终无法摆脱文字的束缚。因之，学生始终跟着剪裁过的史料走，其主体地位只能沦为镜花水月，遑论史学能力的迁移与应用。例如，当我们在讲述日军侵华时，教师往往会以“四大会战”伤亡数字体现其残酷，以日军侵华的

线路、时间和步骤凸显其迅猛，但此时学生的学习活动是一步步被老师牵着走的，实际上仍未摆脱灌输式传授，缺乏能力的深度培养。课堂之外，学生的知识很难在生活中发挥较大作用。

若由老师根据课标设定一个主题，发动学生围绕这一主题自主设计子问题，在综合实践活动中分小组合作探究，效果便截然不同。比如，教师可以抛出一个论题：日军在侵华期间犯下了沉重的罪行。学生会围绕这一论题产生诸如“日本为什么要侵华”“日军侵华的罪行有哪些”“日军侵华后中国人的生活是怎样的”等疑问。每个小组就其中一个小问题分工合作，通过搜集、整理和分析史料，解决心中困惑。在这一过程中，学生对课标核心概念的理解加深了，逻辑思维能力增强了，最重要的是培养了自主学习能力。唯有如此，学生所学的新知才能产生举一反三的迁移价值，学生才有可能独立解决未知领域的跨学科问题。

（二）充分利用地缘优势，创新教学形式

综合实践活动突出强调学习活动的实践性与综合性。实践的地理空间在大多数情况下不会脱离学生的成长环境。处于熟悉的环境中实践，学生才能感同身受，对知识的理解才是基于旧知的深度创新。

在传统的中学历史教学过程中，受限于历史时空，教师大都只能以课堂多媒体讲述教材内容。在此条件下，师生皆无法感知历史现场。但当我们将学习的场域搬到学生的成长环境中时，教学效果便有了质的飞跃。比如，在讲授日军侵华罪行时，珠海教师充分围绕三灶岛侵华日军罪行遗迹（三灶万人坟遗址）设计实践活动。通过课堂教学，学生初步掌握了日军侵略三灶的基本历史背景。通过实地感受，学生深入了解三灶慰安所背后的女性血泪史，以及殖民小学遗址折射出的奴化教育史事。通过采访三灶大屠杀幸存者，学生在深度参与式的对话中不断丰富脑海里的历史画面，完善认知体系，实现知识的“解构—结构—建构”。

（三）提升学生综合素质，深度落实学科核心素养

在历史课堂中，教师会尝试创新运用各种教学形式，以达到落实学科核心素养的教学目标。但在常规课堂教学中，历史核心素养的培育是不全面的。比如，当我们在强调史料实证时，往往会特别关注史料能否论证某一观点，且提供的都是老师已筛选过的史料，却常常忽视了学生能不能自己找到史料；当我们在强调唯物史观时，一般在教学生“是什么”，却忽视了“怎么用”；当我们强调历史解释时，我们往往在灌输“教师心目中的历史应该是什么”，却忽视了学生对历史的初步理解和印象。

依托综合实践活动的中学历史项目式学习可以使学科核心素养的落实走向全面与深入。例如，某学习小组在探究大屠杀后的珠海人民生活时，因为没有教师的“导演”，所以学生无法先入为主地进行判定。他们只能通过收集到的各方史料自主进行推导，这就避免了以论带史的大忌。而且，学生在收集史料的过程中会不断反思：史料搜集得是否齐备？有没有更好的渠道找到更多史料？哪些史料更具参考价值？史料内容发生冲突时如何去伪存真？经过这样的学习过程，学生核心素养才是扎实、全面、可迁移的。

总之，将综合实践活动融入项目式学习，可以提高学生主体地位，增强学生自主学习、主动学习的能力；可以充分发挥地缘优势，借助学生生活的真实情境增强学习成效；还可以全面提升学生的综合能力与核心素养，进一步达成教学目标和育人目标。

三、依托综合实践活动开展中学历史项目式学习的流程

项目式学习应当是围绕解决问题展开的，而依托综合实践活动开展的项目式学习应当把实践作为解决问题的手段与载体，使学生在发现、解决问题的同时，充分运用跨学科的综合性研究手段。学生首先要立足既有的

知识提出具体问题，依照实践环境和学习团队的具体情况制定有实操性的步骤，并在教师的有限指导下通过小组间的协作交流解决问题。同时，项目式学习还要重视成果的展示。

（一）研习背景知识，确定学习主题

项目式学习主题的确定是把握教学方向进而影响学习成效的重要因素。主题必须是与课标紧密联系的，因为课标是教学的指挥棒。实际上，广义的项目式学习主题应该囊括一个上位问题和若干指向任务实施的具体问题。在实际操作过程中，教师应围绕上位问题引导学生设定具体问题，而不宜直接以布置任务的形式告诉学生，让学生去简单地执行。

此外，学习主题的设定要能“大”能“小”。在设计学习主题时一定要指向教材中某一章节或单元的主线，符合课标的要求，不然学生的学习是碎片化的，无法与教材和旧知建立起联系紧密的知识框架。但学生直接进行探究的具体问题应不断具象化到某时某地，否则实操性不强。例如，在讲授《中外历史纲要》上册第23课时，课标明确要求学生“了解日本军国主义的侵华罪行”。据此，教师可以将学习主题确定为“日军在华侵略暴行有哪些”。在具体教学过程中，教师首先利用课堂带领学生梳理日军在珠的侵略活动，同时要求学生研读珠海本土历史文化课程教材并进行充分讨论，提出问题。因为没有先验的框定，学生思维发散性较强，提出的具体问题五花八门。

仔细考量过后不难发现，对中小学生而言，大部分问题是无法进行实践研究的。比如有学生提出“日军侵占珠海后如何进行地方管理”。这是一个很好的政治制度史议题（我们也可将其归类为日常生活史进行具体化的考察），但应如何围绕这一问题开展实践性研究呢？学生除了进行文献整理外其实是无从下手的，原因就在于珠海这一地理范围还显太大。此时，教师要帮助学生寻找最为典型的微时空、小切口，助力学习实践的开

展。这一微时空一定是具备以下特质的：一是日军进行过深度侵略；二是历史遗址、遗迹较为丰富；三是有历史亲历者；四是足够小，最好小到村落街道。经过师生共同的筛选、调适和整理，我们最终将三灶岛确定为小组问题探究的主要地理空间。

表 4-5-1　师生合作修改后的研究问题

问题	问题的地理空间
日本为什么要侵略三灶岛	三灶岛
日本在三灶岛开展了哪些侵略活动	
日军侵略下三灶岛的日常生活是怎样的	
三灶岛在日军侵珠的过程中扮演着一种什么角色	
面对侵略，三灶岛居民是如何应对的	

（二）制定实施步骤，指导活动开展

确定好学习主题和具体研究问题后，在教师指导下，学生自由组成学习小组。组长根据成员特点确定下一步分工，综合考量问题研究的对象与难度，制定详细的实施步骤。为了方便掌握教学活动的进度与节奏，不宜完全放手让学生通过综合实践活动开展历史学习，教师在这一过程中应加以有限干涉，干涉的尺度须拿捏恰当。此时，教师的作用主要表现在两大方面：

一是为学生统筹整合各项资源条件，“扮演社会资源的提供者和组织者”。学生大都只能从家长手中寻求社会资源。一方面，学生的研究兴趣、组内分工与其家长的资源往往是不匹配的；另一方面，有相当部分家长其实没有相关资源可用。这就要求老师居间发挥一种收集、整合与再分配的作用。例如，在三灶有过生活经历的家长志愿带领学生参观三灶诸多遗址、遗迹，并担任实地考察的讲解员。还有家长通过邻里关系帮忙联系到

了三灶大屠杀幸存者或曾就读于殖民小学的老人进行口述史采访。历史科组老师通过专业学术资源库，广泛搜集到了相关一手文献资料，为学生提供互证依据。教师此时可以在汇总信息后，根据不同小组的方案、计划按需进行再分配。

二是教师要为学生学习活动提供阶段性的指导。项目式学习是实现深度学习的重要路径之一，强调学生主动学习能力的养成。但学生主动学习不等于学生完全自主学习，教师需要在教学过程中为学生“兜底”“画圈”，提供学法指导，使学生的学习行为始终在学习主题框架内开展。例如，在进行口述史采访前，教师要求各学习小组制定采访提纲，但学生提供的提纲初稿往往存在很多共性问题。

首先，采访时间并没有具体的时刻节点，这会带来两大后续问题：一是采访对象不可能花一整天的时间等待采访人的到来；二是无法保证小组所有成员在当日内所有时段都可参与。其次，受访人大多年长，生活中多有不便，采访地点需要与其家属提前沟通。再次，采访工具上往往会忽略录音笔、摄像机等音像设备，而录音和视频其实是口述史料最重要的保存形式，因为它们佐证了口述史的真实性，是史料实证的一种体现。最后，所列问题常常太过于宽泛，没有从受访人的角度进行考量，采访对象往往不知从何说起。

教师就上述问题与项目小组进行座谈，先让学生自行寻求解决办法。由于缺乏社会生活经验，学生往往会从自身的角度来考虑问题，提出诸如“我在某日某时某分有时间”“我觉得去某地进行采访比较好”等观点。此时，教师要指导学生与采访对象进行沟通，以受访人意愿为主。而在采访问题的设定上，教师要指导学生将问题化简为繁，将大问题具体化为大量的细节问题。学生根据教师建议和小组讨论重新编制了提纲。

表 4-5-2 口述史采访提纲

活动小组	第一小组（组长：谭同学）
研究子课题	日军侵略下三灶地区的日常生活研究
采访时间	2020 年 12 月 20 日 9 时 30 分—12 时
采访对象	张先生
采访工具	中性笔、记录本、录音笔、DV
主问	谭同学
采访问题	谭：爷爷今年高寿？最近身体怎么样？ 张：答 谭：当年日本人来三灶的时候，村民的出行、买卖有什么变化吗？大家在岛上都以什么谋生？ 张：答 谭：日本人会像电视剧里那样搜刮粮食吗？大家当时吃得好不好？吃些什么？ 张：答
	谭：现在三灶已经不再是岛了，珠海大道连接了东西区，这边现在也是高楼大厦了。日本人来珠海的时候三灶这边人多不多？大家都住什么样的房子？ 张：答
	谭：您当时就读的小学里面有日本人吗？日本人会对教学活动进行干预吗？ 张：答
注意事项	1. 主问人可以就采访对象的回答进行发散性提问 2. 一次采访时间不够时，可预约下次采访时间

在教师指导下，学生将“日常生活”这一较为抽象庞杂的概念，具体化为指向衣食住行的生活细节，不仅学生自己的学习研究思路更为清晰了，受访者的回答也有了着力点，推动了实践学习活动的顺利进行。

（三）整合学习成果，进行综合展示

本文探讨的是依托综合实践活动开展中学历史项目式学习，那么学习活动便要体现出综合性，这里的“综合”不仅指跨学科的深度融合，还指学生个人能力的综合培养。这种综合性在学习成果的汇报展示环节往往体现得最充分。

在信息技术与历史学习的融合方面，很多小组运用到多媒体技术工具，使学习研究结果可视化、形象化了。比如，有的团队利用 H5 软件绘制了《珠海遭受日军侵略时空图》，只要扫描二维码就能通过手机观看。他们的时空图配以动态的历史图片，全景式地介绍了珠海沦陷的整个过程。在课堂展示环节，他们还邀请学校广播站的同学进行同步朗诵，声情并茂，极具现场感染力。再如，有的学生利用 Adobe Premiere 视频编辑软件制作出了视频。他们在播放视频的同时，还配合团队的现场情景表演，为听课的师生介绍了外出考察与采访中最难忘的瞬间。视频与表演的完美结合，在听觉、视觉与悬念设置上，都给人以极强的震撼。

在跨学科知识整合方面，当研究日军侵略路线时，学生大都选择以手绘地图的形式呈现出来，这无疑将地理和历史知识紧密结合在了一起。学生在描绘三灶地图时遇到了一个大问题：日军侵略时期的三灶与如今的三灶，在地形地貌甚至陆地面积上是截然不同的。这实际上涉及一个填海造陆的城市发展史问题。学生由此而展开进一步的探讨，在地理和历史的交互中不断发现新知，完善自己的知识框架。

在个人综合能力培养方面，部分学习小组利用 PS 软件设计海报，并联系广告公司进行喷绘，在学校、社区进行展示。他们的海报全面展现了珠海抗战历史的全过程，这也极大锻炼了中学生的社会交往能力。难能可贵的是部分学习小组还组建了八人志愿讲解团，在校园与附近街道开展志愿讲解活动。历史科组也联系学校相关部门为学生提供了晨会国旗下发言的机会、班会课主持演讲的机会等。这些不同场合的表现，提高了学生的语言表达能力和自信心。

四、依托综合实践活动的中学历史项目式学习的评价

美国著名心理学家和教育学家布鲁姆曾将教学评价划分为诊断性评

价、形成性评价和终结性评价，三者分别对应教学的准备、过程和结果。传统的教学评价大都基于结果而谈，但依托综合实践活动开展的中学历史项目式学习则须侧重对过程的评价。一方面，结果的改善要从过程着手；另一方面，综合实践活动和项目式学习都要求在问题的解决过程中完成对知识的建构与能力的培养。那么，具体应如何对其进行评价呢？

我们首先要解决评价的内容问题。不管何种形式的教学评价，其评价内容一定是指向培养目标的。项目式学习注重学生深层能力而非浅层知识的培养。这种能力应侧重于协作交流、批判性反思和知识创新。显然，能力很难直接测量和观察，因而有学者将其转化为学习流程中的表现性任务，以“提出问题—解决问题—总结呈现”为线索搭建学习行为分析框架，展开进一步考量。这与高中历史新课标不谋而合。因为新课标明确要求学生“在解决学习问题的过程中理解历史，在说明自己对学习问题的看法中解释历史”。

但结合本文所要探讨的题目，我们仍须进一步思考的是：如何将综合实践活动纳入行为考察中去？综合实践活动的起点和落脚点是活动，这就要求学生在活动中解决问题，进而实现知识的生成和能力的塑造。此外，成果的展示还应具备综合性的特质。因此，笔者尝试重新完善评价内容和框架。

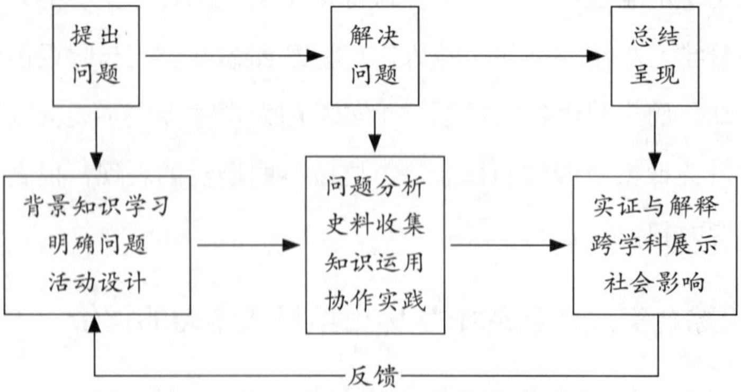

图 4-5-1　依托综合实践活动的中学历史项目式学习的行为框架

除了评价内容问题，我们还需要进一步探究评价的主体。在整个学习过程中，教师、学生、小组成员和校外人员都可以对学习行为展开评价。学生能力的变化、知识的积累，自己是最直观感知、最清楚的，故而要重视自我评价。但最直观的评价常常也最主观，因此自我评价不能作为直接参考。这也正是我们需要“他者”评价的原因。对作为“他者”的三种角色而言：教师参与了学习活动的全过程，且掌握的表现反馈最全面；学生在开展实践活动的过程中，能通过分工合作观察到彼此的参与度、综合能力和行为表现；校外人员能通过与学生的对话，清晰地了解到学生背景知识的学习储备、活动设计的完善程度、问卷制定的水平。

在初步确定评价主体后，采用何种方式进行评价成为摆在我们面前的问题。当我们将评价的重点从结果移向过程，学习活动的空间由课堂走向社会，知识能力的培养由专业走向全面，评价的形式、内容和时间节点皆应随之而变。一方面，学生在学习活动的每一阶段都伴随着大量行为动作，评价活动需要随时进行；另一方面，学生在实践活动中的表现，往往是其前期准备和个人能力的综合展示，我们应全面考量。笔者尝试建立了依托综合实践活动的中学历史项目式学习的评价量规表，以供参考。

表 4-5-4　依托综合实践活动的中学历史项目式学习的评价量规表

评价标准		1分	2分	3分	4分	得分
提出问题	背景知识学习	对史事认知呈现碎片化，不能厘清事件始末，有大量错误	能从单一视角剖析史事过程，对历史的认识是正确但片面的	能从多个角度分析史事的发生，但对史事全貌没有清晰认识	全面掌握史事发生始末，对历史脉络具有长时段的、清晰的认知	
	明确问题	不能提出明确的问题，或问题不具备可行性，无研究价值	能通过梳理研究现状，在教师引导下提出问题，但问题研究意义不大	能通过梳理研究现状，在教师引导下提出具有学术价值的问题	能通过梳理研究现状，自主提出具有学术价值的问题	

（续表）

评价标准		1分	2分	3分	4分	得分
提出问题	活动设计	不能将历史问题的解决转化为具体的活动实施方案	提出的活动方案不完善，没有考虑问题设置、小组成员能力和实践环境条件	综合考量问题设置、小组成员能力和实践环境条件，提出活动方案，但方案不具体	综合考量问题设置、小组成员能力和实践环境条件，提出详细、可行的活动方案	
解决问题	问题分析	不能正确分析和解决实践活动中的突发状况与问题	分析问题欠妥当，但能在教师引导下进行完善和解决	正确分析操作实践中遇到的各种问题，在教师引导下进行解决	正确分析实践操作中遇到的问题，自主、及时地提出解决办法	
	史料收集	搜集史料不全面，史料整理无章法	能较为全面地搜集文字史料，但杂乱无章，无法直接使用	能较为全面地搜集文字史料，并依据某一线索进行整理	能较为全面地搜集各种类型史料，并依据某一线索进行整理	
	知识运用	在实践活动中无法合理有效地运用知识	能运用知识推进活动按照预案开展，但无法与历史亲历者或讲述者形成对话	能运用知识推进活动按照预案开展，与历史亲历者或讲述者进行简单对话	能运用知识推进实践活动的开展与拓展，与历史亲历者或讲述者形成深度对话	
	协作实践	组织协调能力较弱，游离于小组之外，不能及时完成分配的任务	组织协调能力较弱，但与小组成员关系融洽，能及时完成分配的任务	具有较强的组织协调能力，广泛团结小组成员，协助组长分配任务	能胜任团队小组长，广泛团结成员，合理分配活动任务	
总结展示	实证与解释	对问题的解答不客观，不能做到史论结合，缺乏基本的史观	能够利用现有史料进行考据，但具体研究不能结合学术史，无法辨别史料真伪	能够利用现有史料进行考据，结合学术史得出结论，但无法辨别史料真伪	根据史料进行辨证考据，结合学术史得出新结论，对问题进行充分解答论述	

（续表）

评价标准		1分	2分	3分	4分	得分
总结展示	跨学科展示	无法应用跨学科知识，也无法对学习成果进行全面展示	无法有效应用跨学科知识，但能够对学习成果进行较为全面的展示	能够应用一门跨学科知识对学习成果进行深度展示	能够有效应用多种跨学科知识，对学习成果进行深度展示	
	社会影响	未得到媒体的报道，未受到同学、家长的一致好评	未得到媒体的报道，但受到同学、家长的一致好评	得到校园媒体的报道，受到同学、家长的一致好评	得到社会媒体的报道，受到学生、家长或社区的一致好评	

不论是采用哪种模式对综合实践活动与项目式学习展开评价，其直接目的一定是为教学改进提供更好的优化路径与策略，其最终目标一定是为了学生能够掌握获取知识的能力而非知识本身。

项目式学习在国内历史教学领域的研究方兴未艾。如何利用更为有效的教学方法、评价模型，使中学历史项目式学习落实、落地还需要广泛而深刻的讨论。本文尝试以综合实践活动为手段，立足珠海本土历史文化教学实践，推进中学历史项目式学习的开展。中学历史项目式学习实际上是在引导学生由学习历史逐渐转向研究历史，只不过我们帮学生把研究的题目无限缩小了。这一过程的转变才真的使学生成为学习、探究过程中的主体，学生在学习中运用新知，在旧知的运用中获得新知，核心概念的理解不断深化，这也是我们以综合实践活动推进中学历史项目式学习的初心所在。

（珠海市教育研究院　刘洪生、广东实验中学珠海金湾学校　汪琪、
珠海市第九中学　蒋巧珍）

第五章

高中历史文化研学活动的设计与实施

第一节　研学旅行视角下任务驱动型课程的开发
——以"古代建筑探秘之故宫里萌萌的脊兽"课程为例

随着国内对现代旅游业教育属性认识的不断深入，以及有关研学旅行的政策陆续出台，研学旅行不仅成为各地旅游创新发展的增长点，而且被置于落实立德树人教育任务的战略新高度。历史学科中频频提及的历史遗迹、历史文物等资源，都能成为研学旅行课程的内容，充分利用这些资源，培育学生对中华优秀传统文化的热爱与认同感，对于提升学生的文化自信有重大意义。基于这一目的，我们带领一批学生开发了有关故宫建筑群的课程，并总结了研学旅行视角下开发传统文化课程的几点心得体会。

一、任务驱动，以探究促进学习

研学旅行课程的最大特点是"以研促学"，强调在实践中培养学生的知识、技能与情感态度，通过亲身体验，帮助学生树立正确的价值观。北京故宫作为明清两代的皇宫建筑群，可以说是中国历代宫殿建筑集大成者。故宫建筑体现了深厚的建筑思想与中国传统文化，是学生学习的绝佳资源。为此，珠海市第二中学开设了"古代建筑探秘之故宫里萌萌的脊兽”这一课程。

研学旅行课程强调的是实践，为了更好地设计出学生感兴趣、适合其认知水平的研学任务，以驱动学生进行探究，课程开发组事先用“问卷星”设计了一系列问题，调查学生对于故宫建筑群的历史、文化、艺术等各方面的了解。在整理学生的反馈后，课题开发组在活动的准备阶段及活动过程中都设计了一系列探究问题作为学生研学旅行的驱动性任务，这些问题随着活动的不断深入而逐渐增大难度。

表 5-1-1 是其中一份活动开展前的探究学习任务单，主要目的在于激发学生学习探究的热情，通过对建筑术语的学习，为后续有的放矢地进行研学奠定基础。学习任务单的设计，也充分照顾了学生在实际检索中产生的新问题，兼顾了生成性。

表 5-1-1　学习任务单——概念大起底

温馨提示：同学们，在开始这次故宫博物院研学之旅前，请你通过多种途径查找以下名词的概念		
概　念	含　义	通过何种途径获得
1. 故宫		
2. 脊兽		
3. 正脊		
4. 戗脊		
5. 垂脊		
6. 合角吻		
7. 合角兽		
你在搜索资源的过程中还发现了哪些你需要深入了解的概念呢？请把你的疑惑或所思所想写在下面空白处		

表 5-1-2 是在活动过程中使用的任务清单之一，其难度比表 5-1-1 要大许多。这份表格主要在于引导学生通过采访故宫博物院的工作人员，深入了解中国古代建筑中的脊兽有何作用，挖掘它们隐藏的文化含义。

表 5-1-2　学习任务单——脊兽寓意大采访（节选）

温馨提示：同学们，你在故宫建筑群中看到了哪些脊兽呢？把它记录下来，采访现场工作人员或老师，了解其背后的文化内涵吧		
采访笔录 1：脊兽的作用	被采访人员：	记录者：
采访笔录 2：每一个脊兽的含义		
名称	传说	寓意
骑凤仙人		
龙		
凤		
狮子		
天马		
海马		
押鱼		
狻猊		
獬豸		
斗牛		
行什		

二、活动育人，以实践增进理解

研学旅行课程十分注重实践，通过课程的设计，引导学生从教室走向社会和大自然，加深其对人与自然、人与社会的了解，是实现“读万卷书，行万里路”的素质教育的方式，也是学校教育和校外教育相结合的创新形式。这一形式对于传统文化的教育尤为重要，因为当代学生普遍缺乏野外考察经历，而且随着现代化进程的不断推进，他们身边的传统文化符号正在一点一点地消失，所以他们难以体会到具体的传统文化。研学课程中的各种活动能够为学生创设一个触摸、研究、理解传统文化的机会与平台。

课程开发组教师在充分研读学科课程标准后，设计了许多需要学生亲自考察才能完成的任务，如表 5-1-3。

表 5-1-3　学习任务单——现场大搜索

温馨提示：请根据已学过的有关脊兽的发展与分类的相关知识，以小组为单位，在故宫建筑群中寻找以下建筑构件，并拍照留存		
脊兽分类	照片	拍摄者及日期
1. 仙人：在檐角最前面的一尊被称为“骑凤仙人”，也叫“仙人骑鸡”，它的作用是固定垂脊下端第一块瓦件		
2. 跑兽：就是跟在“仙人”后面的那一排动物，主要起装饰作用		
3. 垂兽：又称“角兽”，是中国古建筑上垂脊上的兽件，是兽头形状，位于蹲兽之后，内有铁钉，作用是防止垂脊上的瓦件下滑，加固屋脊相交位置的接合部		
4. 鸱吻：音“吃吻”，中国古代建筑屋脊正脊两端的一种饰物		

古人云：“纸上得来终觉浅，绝知此事要躬行。”尽管经过活动前期的专家讲座、资源搜索等活动后，大部分学生都能够对故宫的建筑特色与脊兽有相当程度的认识，但是这并不代表他们能够将所学知识与实践联系在一起。表 5-1-3 的“现场大搜索”活动，能够促进学生将已学知识迁移到实际生活中，通过行动检验自己掌握的知识，并将之转化为研究的能力。在这一过程中，学生对传统文化有了更深入的体会，他们对中国古代建筑

哲学与建筑思想的了解也进一步加深。

一些学生在考察后写下了这样的感慨："在生产力水平并不发达的古代，脊兽充当着稳固和美化建筑的角色，凝聚了劳动人民智慧的结晶，这种动力生生不息，一代代传递。经过意象加工的脊兽，表达了古人对于幸福的美好追求和愿望，其背后蕴含着数千年博大精深的中华民族文化。北京故宫建筑中的脊兽以其生动活泼的形象，达到了脊兽设计的巅峰，体现了中国传统建筑艺术文化与传统'天人合一''君权至上'和'阳刚阴柔说'美学思想的传统文化内涵。"

可以说，如果没有一个又一个的活动，学生便难以将在书上学到的"天人合一""君权至上""阳刚阴柔说"用于解读历史文物，从而发自内心地热爱中国传统文化，为中国古人的智慧感到骄傲，进而增强自己的文化自信。

三、物化成果，以反思深化学习

青少年时期的学生思维活跃，喜欢实践，对研学旅行的所见所闻充满了兴趣，但是如果没有办法将这种兴趣与求知欲转化为更深层次的成果，往往容易使研学流于表面，难以增强学生的实践创新意识、审美意识、综合能力。有鉴于此，课程开发组教师在研学旅行结束后，对课程进行了拓展，指导学生将研学旅行过程中零散的所思所想，以物化的形式，如多媒体讲座课件、建议书、感言墙、小论文、研学报告等方式呈现出来，以提高学生的创意实践能力，促进研学旅行这种学习方式从浅层走向有深度的学习。

在指导学生进行成果物化的过程中，课程开发组教师的引导主要有三方面：聚合型、发散型和综合型。当学生或者一个小组在某方面的感想特别多，但是又混乱不清、无法深入时，教师就会指导他们将感想进行逻辑梳理，在概念模糊不清处、理解难点上进行深入挖掘，以拓展研学内容的范围与深度。

如在课程结束后，有的小组对脊兽的文化内涵感触特别多，教师就指导他们通过多种渠道，查找更多的信息，写成一份调研报告。

发散型的指导是学生围绕一个主题进行思维发散，以拓宽学习的范围。如在研学结束后，教师给学生布置了感想类的小文章，主题是“国家”，最后精选每个同学感想的精髓，制作成感言墙。

更多情况下，教师在指导学生物化自己的研学旅行成果时，是综合使用聚合型指导和发散型指导的。如在研学之后，蒋兢同学提出了关于文物保护方面的一些观察，于是教师指导其写成了一封建议信给博物馆。以下是部分内容：

作为中国历史里的瑰宝，屋檐脊兽需要被珍重和保护，我们应该加大宣传力度，让更多的人去了解它本身的意义和重要性。首先，如果不对其加以保护，就会出现损坏。参观者对其不能全面观赏，还会以为这就是真实的面貌，可见保护的重要性。其次，设置专门的地方展示脊兽，让游客除了远看欣赏，还可以近距离端详。最后，还要提醒游客文明旅游，遵守旅游景点制定的规章制度，故宫的一砖一瓦都凝聚中华魅力，所以要共同呵护我们的文化。

在这一段话中，蒋兢同学思考的范围涉及脊兽的文化意义、展示脊兽的方式、游客礼仪等方面，具有发散性思维特征；在写建议时，每一点也能够有一定深度的阐述，这又是聚合性的思维。通过这些实践，研学旅行就走向了深度学习。

（珠海市拱北中学　梁艳芳）

第二节 高中历史博物馆研学课程的开发原则与路径

——以“珠海的前世今生”课程为例

历史研学课程是选修课程的组成部分，与历史必修课程、选择性必修课程一同为历史教学的正常开展提供重要支持。随着新课改的推进，博物馆研学活动以它的实践性、主体性、综合性等特点逐渐成为中学历史教育的有效补充，对提升学生历史核心素养、创新教学方法等起着重要作用。博物馆研学课程开发须正确认识其课程性质与作用，本论文以珠海市博物馆研学课程开发为例，总结高中历史博物馆研学课程的开发原则，重点探讨高中历史博物馆研学课程的开发路径。

一、高中历史博物馆研学课程的开发原则

高中历史博物馆研学活动是依托博物馆资源开展的，以高中学生为主体的体验性探究式学习。随着新课改的推进，博物馆研学活动以它的实践性、主体性、综合性等特点日益受到高中师生的欢迎，逐渐成为中学历史教育的有效补充。实践充分证明，开展博物馆研学活动，既能激发高中学生学习历史的兴趣，又能帮助学生在活动实践中实现历史认知的升华与学习能力的提升，是知行合一的重要体现。

博物馆研学课程的设置是博物馆研学活动的开展条件，中学一线历史教师是其主要开发者与实施者，以什么方式来开发和实施什么课程内容，很大程度上取决于当地学校、师生、博物馆资源的实际状况，但这不意味着博物馆研学课程的开发可以随性而为。从课程的性质上说，高中阶段的博物馆研学课程属于历史选修课程范畴，是对国家课程进行校本化的二次

开发，辅同国家课程为落实国家立德树人的根本任务服务。所以，想要科学地开发博物馆研学课程，应当遵循以下原则：

1. 要以课程标准为依据

《普通高中历史课程标准》是国家制定的关于高中历史学科的规定性文件，任何由地方或学校开发的课程资源，必须与其保持一致，高中历史博物馆研学课程自然也不例外。

2. 要以学生素养发展为核心

历史学科核心素养包括唯物史观、时空观念、史料实证、历史解释、家国情怀五个方面，是学科育人价值的集中体现。博物馆为师生的“教”“学”提供了准确的时空与丰富的历史文物（史料），教师要在此基础上给予学生合理的发挥空间，强调任务驱动、情景创设和问题解决。比如可以设计文物观察表，让学生学会收集有效信息，作为历史叙述的可靠证据；比如可以让学生绘制文物古迹分布图、梳理文化名人生平大事记年表，以培养学生的时空意识等。

3. 要在充分认知研学活动主客体的基础上构建课程方案

参加活动的学生是研学活动的主体，博物馆资源是研学客体。教师在研学课程开发中应充分考虑学生情况、博物馆资源情况（包括布展主题、重要文物藏品、与文物相关的视频影像资源等），制定包括课程主题、教学目标、教学内容、学生活动、评价方案、课时数量等在内的课程开发方案。

4. 要开阔视野，与时俱进

随着信息技术的发展，越来越多的博物馆进入了电子化时代，不少优秀的数字博物馆既提供了馆内藏品的数字化展示，还提供了关于重要遗址或文物考古的挖掘背景，以及史学界历史研究的新成果。教师在进行研学课程的情景创设时，除了利用本地的博物馆资源，也可以积极寻找其他场馆的同主题资源，丰富情境信息，方便学生与情境信息产生互动，发现信息，作出判断。也可以根据教学内容给学生分享博物馆的数字资源，从而拓展学生学习途径，启发学生对学习内容继续深入思考。

二、高中历史博物馆研学课程的开发路径

博物馆研学活动将学生学习历史的场地从课堂延伸到博物馆，是一项以学生学习活动为中心的实践课程。笔者尝试在泰勒原理和建构主义教学理论的基础上，以珠海博物馆的研学课程——“珠海的前世今生”为例，将博物馆研学课程的开发路径分为以下环节：

（一）研究教学目标

教学目标是历史教学所要达到的预期结果，新课改后的历史教学总目标是“落实学生历史核心素养”，体现了学生学习以后预期产生的行为变化。《普通高中历史课程标准（2017年版）》中“课程目标”为宏观目标，但认识到什么程度就算达到标准？需要将教学目标具体化。辟如，“珠海的前世今生”研学课程教学总目标是：学生通过研学课程逐步形成正确的价值观、必备品格和关键能力，提升学生历史核心素养。具体化的教学目标是：

（1）学生通过任务驱动、问题探究等形式，构建对珠海历史发展文明脉络的认知。

（2）学生在“文明从这里发轫——史前先民的生产生活”学生活动中，掌握探究历史的方法和技能，能恰当运用史料对所探究问题进行论述。

（3）在“数风流人物——从香山走出的历史名人”“特区珠海——谱写春天的故事”等学生活动中，学生能领悟文化精髓、人物精神，培育家国情怀素养。历史核心素养五位一体，教师在设置具体目标时，可以将五大素养糅合陈述，但也要注意将学生在完成某个活动后达成的能力或具体

品质表述出来。

（二）选择博物馆资源

博物馆资源内容丰富、形式多样，加上学生进行研学活动的课时有具体限制，选择博物馆资源有其必要性。教师利用博物馆资源构建信息真实、主题明确的学习情境时，应尽量选择符合学生的学习目标、具有代表性的博物馆资源，增强情境与学生的互动性，推动学生积极思考、主动探究。

（三）设计学生活动

学生活动设计是研学课程开发的重要内容。学生在教师提供的情境设置中，通过完成一系列的学习任务，生成自己的历史认知，达成具体的学习目标。设计学生活动可以将学生的认知过程作为主线，也可以将学习内容本身的逻辑作为主线。如在“珠海的前世今生”研学课程中，按学习内容的时间逻辑（古代—近代—现代），设计了“文明从这里发轫——史前先民的生产生活”“数风流人物——从香山走出的历史名人”“特区珠海——谱写春天的故事”三项学生活动。另外，教师在设计学生活动的任务时，要注意符合学生的学习认知规律，任务完成难度有层次、有递进。作个示例：

“文明从这里发轫——史前先民的生产生活”活动探究

情境设计：四五千年前的高栏岛宝镜湾就有早期人类活动。当时的先民是如何进行生产与生活的，他们又掌握了哪些生存技术？如何证明？请你在珠海市博物馆第八展馆中，寻找问题的答案。

任务要求一：找到珠海博物馆内收藏的“南海地区最大的史前石锚”，依次做好以下记录：发现该石锚的遗址（名）；该石锚的具体描述（大小、重量、用途等）。

任务要求二：假设你现在准备做一个主题为“史前岭南海岛先民生产

生活”的研究，请在本展览馆内找到对你完成研究有用的遗物展品（至少5个），并分别记录下它们的名称与用途。

任务要求三：请根据你本次参观的记录，利用博物馆数字资源，对史前岭南海岛先民的生产生活情况作简要的说明。（要求：逻辑清晰，史论结合）

示例中的三个任务要求从观察记录文物史料到整理和辨析文物史料，再到运用不同史料对所探究问题进行互证，形成对问题更丰富的解释，呈现出由易到难的设计，使不同层次的学生都能够利用情境进行研学活动。

（四）设计评价方案

研学活动评价由过程性评价和总结性评价构成。过程性评价关注学生的学习过程表现，如参与态度、方法技能、成果展示时的表现等；总结性评价根据学生的总体表现作出全面鉴定，区分等级。研学活动的评价应根据学习的目标，收集那些最能反映学生活动实际的信息。常用的方法包括：行为记录观察、自我诊断分析、创作作品或研究报告分析等。

为了让活动评价更加客观，利于对学生进行针对性指导，评价方案可以通过制定量表对学生表现实施测评。如学生在“文明从这里发轫——史前先民的生产生活”活动探究任务一、二中涉及收集并提取（文物史料）信息的能力，那么，教师可以据此制定一项测量内容（见表5-2-1）。

表5-2-1　收集与提取信息评价量表

评价指标	符合程度		
1. 收集的资料与活动要求一致	符合 □	基本符合 □	不符合 □
2. 准确标注了来源、出处	符合 □	基本符合 □	不符合 □
3. 按一定思路与逻辑对信息进行归类整理	符合 □	基本符合 □	不符合 □

当然，教师还可以根据《普通高中历史课程标准（2017年版）》中

《附录1　历史学科核心素养水平划分》，从核心素养的五个方面结合学生的过程表现给予评价。（见表 5-2-2）

表 5-2-2　史料史证素养评价量表

水平	评价指标	符合程度		
水平 1	能够区分史料的不同类型；在解答史前先民生产生活问题时，能够尝试从博物馆中找到相关文物	符合 □	基本符合 □	不符合 □
水平 2	能够认识不同类型的史料所具有的不同价值；能够尝试运用文物史料作为证据论证自己的观点	符合 □	基本符合 □	不符合 □
水平 3	能够对相关文物史料进行基本整理，利用不同类型史料，对史前先民生产生活情况进行互证，形成对该问题更全面的解释	符合 □	基本符合 □	不符合 □
水平 4	在对史前先民生产生活问题进行独立探究的过程中，能够恰当地利用史料对所探究问题进行论述	符合 □	基本符合 □	不符合 □

三、结语

中学历史课程承载着历史学的教育功能。博物馆研学的教育价值目标在于提高学生的综合素质，博物馆研学课程服务于中学历史教学的过程也是中学生感受当地文化魅力的过程，这个过程不仅会提高学生学习的兴趣，更能增强学生的文化自信。我们看到，越来越多的一线历史教师意识到这一点，也积极投身于中学历史博物馆研学课程的开发与实践，我们相信，在众多历史教师的共同努力下，必然会有更多高品质研学课程涌现，不断丰富新课改的成果，继续启迪同行进行进一步的探索。

（珠海市第一中学平沙校区　林榕）

第三节　研学旅行中问题意识的培养

——以“上海南京路步行街繁华现状和成因研学指导”为例

一、绪论

从最近几年的实际情况看，研学旅行模式已经受到了教育人士的高度重视，很多高中都结合本学校实际情况开展了研学旅行。但是在实际开展研学旅行的过程中，却出现了很多问题，没有发挥这种教育模式所应有的效用。一些研学旅行的重点集中在了旅行上，在实际活动时变相成为学校组织的一次旅游活动，这与研学旅行的初衷是相悖的。研学旅行是一种将学习环境设定在现场的教学模式，最终的目的是让学生们抛开之前沉溺的书本，重新回到社会当中。所以，对于研学旅行而言，不应当将关注的重点集中在旅行，而是要促使学生在旅行过程中不断地研究和学习。因此，之前很多简单地将其认定为是一种旅行活动的做法是不科学的，容易导致其原有价值的丧失。

本次笔者指导的研学旅行调查课题是上海南京路步行街的繁荣现状及其成因分析。在帮助学生完成各自的研学旅行报告的同时，本人也收获颇丰。研学旅行的目的是让学生们在自然界与社会实际生活的过程中能够不断地拓宽眼界，丰富阅历，将理论与实际联系在一起处理问题。本文首先对研学旅行中问题意识的重要性进行了分析，其次对研学旅行过程中学生问题意识欠缺的表现加以分析，最后结合实际情况提出了几点建议对策。

二、研学旅行中问题意识的重要性

对于高中生而言，形成问题意识，对于他们今后的学习生活是十分有利的。传统的高中教育以应试为目的，无论是教师、家长还是学生都将高考作为最终目标，认为只要考上理想大学，就是成功的。但是笔者认为，更为关键的还是要让高中生群体学会主动学习、主动提出问题，这是他们人生当中的一笔宝贵财富。研学旅行就是将探索与学习结合在一起，而在探索的过程中，学生们就会产生很多问题，这也是培养学生问题意识的最佳时机。研学旅行中问题意识所具有的意义可以概括为以下几个方面：

（一）深化研学意识

在研学旅行活动的过程中，如果有新奇事物产生，那么学生的学习热情就会有显著的提升。这种表现具有时间短、波动性大的特点，而这与高中生的身心特点也是相符的。学生受到无意注意的影响是最为明显的，但是无意注意所能够激发的学习积极性、所具有的专注度以及持久性是明显不足的，容易导致整个研学旅行出现走马观花的情况。问题意识是学生在认知活动的过程中出现困难而产生了怀疑、困惑、焦虑等情绪，这些心理状态能够产生认知失调，让学生们产生有意注意，不断激发他们探究事实的愿望，使得研学旅行活动能够更加积极和平稳地开展。

（二）提升实践操作能力

对于每一个高中生来说，他们观察、思考以及解决问题的方式都存在一定的不同。具有良好的问题意识能够让学生有一双独特的观察慧眼，能够让他们在研学旅行活动的过程中看到更多的问题，从自身角度出发去思考问题，结合问题提出自己的独特见解。另外，良好的问题意识能够保证高中生学会使用自己的知识以及经验去解决自己面对的个性化问题，不断提升研学旅行活动的意义与价值。

（三）提高创新活力

问题是新思想、新方法以及新知识产生的重要基础。爱因斯坦就曾经说过，发现问题并系统地阐述问题与解答相比要更为重要。问题意识能够帮助学生在研学旅行过程中勇于发现问题，从创新角度出发解决问题，这对于培养高中生的创新精神与创新人格有积极作用，能够令整个研学旅行变得更加有活力与价值。

三、研学旅行中高中生问题意识欠缺的表现

（一）“问”的主观能动性较低

在实际教学过程中，笔者发现很多学生都没有具备良好的“问”的主观能动性，他们在研学旅行过程中不愿意动脑，总是跟随在其他同学的思维后面思考问题，缺乏必要的积极性与主动性。在研学旅行过程中产生了“不想问”的情况是十分不利的，其会导致研学旅行最终变成一场旅行活动，丧失所具有的意义。导致高中生产生“不想问”的原因有很多，除了学生自身原因，研学旅行的内容与认知发展不相匹配也是重要原因之一。

（二）“问”的容错性较低

“不敢问”指的是即使在学习的过程中出现了问题，也没有合理地表达出来。这种情况就导致了学生们在研学旅行过程中失去了展示自我的机会，也阻碍了教师在研学旅行中获取学生信息的途径。导致“不敢问”的原因是多种多样的，除了学生自身性格方面的原因，还包括研学旅活动过程中内容过多的情况，学生应接不暇，害怕自己所提出的问题比较幼稚，害怕受到其他同学的嘲笑。

（三）“问”的方式方法不正确

“不会问”指的是学生们缺乏提问的技巧，担心自己提的问题是天马行空的，与研学的主题相差万里。“不会问”的最终结果就是浪费时间和精力，学生们疲于应付，也导致自身学习效率的不断降低。“不会问”的主要原因就是前期准备不充分，主题不鲜明，等等。

（四）“问”的价值较低

“不真问”指的是学生问的问题与实际情况是不符的，无法对实际学习起到帮助。“不真问”会导致整个研学旅行活动停留在表面上，学生无法清楚地认识到事物发展的基本原理，无法将理论与实际联系在一起。“不真问”的主要原因就是研学旅行将学校生活与现实生活分离开来，忽视了两者之间的联系。

四、在研学实践中培养学生的问题意识

（一）设疑激趣，把握契机培养学生“问”的主观能动性

学生只有在遇到自己不熟悉的问题时，才会想问。研学旅行将学生引入生活世界当中。我们所生活的世界本来就是具体而且复杂的，而很多高中生所获得的知识以及技能都是通过课本学习到的，在进行研学旅行的过程中就会找出两者之间存在的不足，而两者之间的不足就是认知失调。因此，对于高中教师来说，应当紧紧抓住学生在日常活动过程中所存在的认知失调的情况，由此激发学生产生兴趣点，有的放矢地帮助学生养成探究事实真相的意识。这次上海线的研学旅行原本没有安排南京路步行街的参观活动，但是学生出于对这条街道的好奇，决定去一探究竟。笔者意识到这是一个绝佳的、激发学生兴趣并且深化研学意识的契机，所以，根据学生的兴趣特点，笔者设计了以下问题供学生完成：

表 5-3-1　研学前期问题表

问题	思考
上海南京路步行街的位置	
上海南京路步行街的特点	
推测特点的成因	

在指导学生对上海南京路步行街的物价水平进行了解的时候，学生会意识到南京路步行街汇聚了大量的游客，而这些游客非常愿意在南京步行街买东西，学生由此产生了疑惑，为什么南京路步行街的物价比周边地区的物价便宜？但是他们并没有进行深究，而是沉浸在物价便宜的喜悦之中，忘记追根究底，这时笔者就引导学生思考购物群体与物价之间的供需关系。通过思考，学生得出了南京路步行街物价低可能是为了吸引外地旅行团前来购物而刻意设置的。在学生的后续观察中，他们也论证了这一推断，更加深刻地认识到了政治课本中的供需之间的关系。在与其他老师的沟通中，笔者也意识到，研学旅行是一个不断发现问题、解决问题的过程，但是研学的兴趣点可能一瞬而逝，所以需要教师积极地设置相关问题，从而激发学生进行主动思考。

（二）追根究底，主动鼓励学生的“敢问”意识

在高中生学习的过程中如果没有问题就代表教育出现了问题，而有了问题却不敢于提问则更为严重。一些学生由于性格比较内向，出于害怕其他人对自己产生偏见等原因而不敢提问，只是在私下小声交流。在研学旅行的过程中，教师应当对学生们情绪上的变化有良好的洞察和分析，鼓励学生们勇敢提出自己的问题。

针对不同学生对于问题的认知差异性，笔者安排了研学小组对上海南京路步行街的相关问题进行讨论，最后大家在讨论中达成了对南京路步行街的一致描述：南京路步行街非常繁华，背后的成因应该是多方面的。这个时候，同学们自己也绘制出了一个简单的思维导图：

繁华的南京路步行街 → 地理位置 → 历史成因 → 现实因素……

图 5-3-1　上海南京路步行街繁华成因图

随后，同学们在研学活动中发现南京路步行街以大型商场为主，销售

价格相对上海低而比其他地区高的高档用品。在进一步的调查研究中，参与研学的学生们发现原来繁荣的经济来源于大量的外来劳动力及旺盛的旅游业。在这一过程中，从一点点的疑惑到最后的确认是需要教师进行一系列的辅助和指导的。

（三）付诸实践，通过反思提高学生的“会问”意识

提出的问题并不是越多越好，毫无边际的问题只会导致时间和精力的浪费，只有那些与主题契合度较高的问题才是有价值的，能够保证研学活动紧密地围绕主题而开展。

为了解决南京路步行街繁华成因这一问题，研究小组带着自己的问题再次到南京路步行街进行查访和了解。其中难免会有同学提出一些不相关的问题，在面对这种情况的时候，应当结合实际情况适当调整线路与主题，将周围一些有关联的景点也都纳入考察的范围当中，要求学生们在了解南京路步行街的历史文化的基础上，找寻它们之间的关系；在研究问题的时候，将大的问题分解成为一些小的问题并通过相应的方式加以解决。

表 5-3-2　上海南京路步行街繁荣现状和成因分析表

<table>
<tr><th>问题</th><th>问题拆分</th><th>研究方法</th><th>衍生问题</th></tr>
<tr><td rowspan="5">上海南京路步行街繁荣现状和成因分析</td><td>地理位置</td><td>查询相关文献</td><td>上海的历史背景？</td></tr>
<tr><td>历史成因</td><td>查询相关文献</td><td>南京步行街与上海的关系？</td></tr>
<tr><td>商品价格</td><td>采访相关商户</td><td rowspan="2">南京步行街的能人、趣闻？</td></tr>
<tr><td>商品类型</td><td>采访相关商户</td></tr>
<tr><td>客流类型</td><td>查询政府网站</td><td>……</td></tr>
</table>

从目前的教育实践上看，传统的填鸭式教育模式虽然能够传授系统化的知识，但是这种模式在激发学生学习自主性的过程中存在着很多的问题，也无法满足学生日常课程的实际要求。所以在研学旅行教育模式之

下，教师要高度重视学生的自主学习，保证学生能够成为课堂学习的主人，要赋予学生充分学习的权利，鼓励学生在自主学习的过程中将那些有疑问和困惑的地方标记一下，将此作为后期提问的基础。因此，教师应当善于培养学生的问题意识，保证学生能够带着思考来进行自主学习。这种方式不但能够提升学生自主学习的专注程度，同时对后续教学活动的重点、难点的突破也有帮助。

（四）结合实际，培养学生“真问”价值

在这次的上海南京路步行街繁荣现状及其成因分析的研究过程中，同学们认识到了一个地方的繁华不仅有着表面的因素，更有着深刻的地缘、历史原因，而且也结合生活实际提出了关于南京路步行街物价方面的、与实际生活紧密相关的问题。这不仅反映出同学们敢于提问的能力，更表现出同学们具备了将自己研究的问题和实际生活结合起来的能力，这是非常可贵的。

只有保证学生能够面对真实的生产生活，才能够保证学生问出一些具有实际价值的问题，这不但是研学旅行的初衷，同时也是归宿。对于教师而言，要帮助学生从单纯的课本知识延伸到现实生活世界，积极鼓励学生静下心来观察周围的生活，将理论与实践结合在一起，发挥研学旅行的价值。

“让问”是研学旅行的重要前提，只有在具备了明确问题的基础上，研究性学习才能够顺利开展，而研学旅行则必须成为“让问”的重要基础，只有通过研究性学习破解问题，才能够真正地发挥“让问”的价值。而在“让问”与研学旅行之间，需要教师对问题进行整理和归纳。受到学习能力等个人因素的影响，不同的学生可能存在着比较大的差异，很多问题在教师稍微提醒之下就可以解决，而且很多问题与教学内容关联性都不高，并不具备研究性学习的价值。因此，从教师角度上来说，要在“让问”的基础上，对学生所提出的问题进行有效整理，将其中具有探究价值和学习意义的问题整理到一起并进行总结，发挥研学旅行的作用。

另外，还可以在本班级内部建立学生小组，以小组合作的方式带动全班同学对研学旅行中的问题进行自问自答。小组合作的模式，不但能够最大程度调动所有学生的积极性，同时对于学生研学旅行的研究过程与方法的交流也有着积极意义。

五、总结

研学旅行凭借着自身的优势，受到了很多教师的重视，很多高中也都开展了研学旅行。不断丰富研学旅行的内容与价值是所有高中教师的重要责任，无论是学校还是教师都应当不断地探索与实践，保证研学旅行能够与生活实际结合在一起，发挥研学旅行的价值。

本文在研究过程中首先阐述了研学旅行中问题意识的重要性，主要包括深化研学意识、提升实践操作能力、提高创新活力等。之后，分析了研学旅行中高中生问题意识欠缺的表现，主要包括“问”的主观能动性较低、“问”的容错性较低、“问”的方式方法不正确，以及“问”的价值较低。最后，本文也结合实际情况提出了几点建议对策，主要包括设疑激趣，把握契机培养学生“问”的主观能动性；追根究底，主动鼓励学生的“敢问”意识；付诸实践，通过反思提高学生的“会问”意识；结合生活实际，培养学生“真问”价值。

（珠海市第二中学　刘聪）

第四节　中华优秀传统文化主题研学课程的实施
——以“西安回民街美食的传承”为例

自从国家层面出台一系列有关中小学研学旅行的政策指示，为了积极响应国家号召，2018 年，《广东省教育厅等 12 厅局关于推进中小学生研学旅行的实施意见》《广东省中小学生研学实践教育基地、营地申报遴选和管理细则（征求意见稿）》等文件发布，为广东省各中小学开展研学旅行提供了政策支持与制度保障，将研学旅行引入正轨，进一步推动广东省研学旅行的兴盛发展。因此，广东省是我国研学旅行开展最为积极活跃的省份之一，在各种教育教学政策的改革与实施下一直走在全国的前列。

国家大力支持发展研学旅行，近几年先后推出多项相关政策及文件加以解说和规范，这是研学旅行发展的一大机遇。在新时代的背景下，中华优秀传统文化的发展必然需要结合教育与时俱进。在此背景下，珠海市第二中学在 2019 年暑期开展了为期一周的研学旅行活动，参与活动的师生达 400 多人，本次研学活动以培养学生的中华优秀传统文化素养为目标，队伍分别前往北京、西安、上海三座城市开展一系列有组织、有计划的研学活动。中华传统文化研学旅行不仅可以提高学生的人文素养与探究精神，增强学生的实践创新能力与对国家的认同感，还可以提高学生的自主生活能力，总体上提高了学生的综合素养。

研学旅行不仅仅是游玩与体验，还需要在研学前有所设计，研学中有所体现，研学后有所反馈。因此为了充分发挥本次研学中“研”与“学”的教学意义与教学目的，在暑期一个星期的研学旅行结束后，我校组织开展了一系列研学课题和研学课程。学生自行组队，根据研学旅行中的相关活动与讲座，提出研学课题题目，学校分配相关教师进行指导，建立起中华优秀传统文化研学课程，促使学生在研学结束后能更全面地领会中华优秀传统文化内涵并加以创新，巩固研学过程中的所学所得，形成良好的循环教育体系，加强学生的研学教育体验感，将中华优秀传统文化的文化价值与教育价值最大化。根据研学旅行的设计与安排，我们从选择资源、收集材料、成果展示三个环节来建立研学课程体系。

一、选择研学资源，提出研学题目

中国的传统文化不仅存在于书里，还存在于社会的方方面面。研学旅行课程让学生在真实情景中进行体验与实践，一切学习都植根于实践。为了让学生在研学的实践中发现中华优秀传统文化并提出研学课题，我们的研学队伍选择了三座城市作为研学的目的地，分别是皇城古都北京、世界古都西安、近代开放城市上海。其中西安拥有着5000多年文明史，是中国四大古都之一、中华文明和中华民族重要发祥地之一、丝绸之路的起点。在西安的研学行程中，师生走访了西安各大名胜古迹，如秦始皇陵及兵马俑、大雁塔、小雁塔、唐长安城大明宫遗址、法门寺、碑林、回民街等等。

在研学过程中，每个小组均在教师指导下，从相关讲座培训中寻找一个自己感兴趣的题目，并形成有关传承中华优秀传统文化的研学课题。在讲座培训中，教师指出“中国传统文化指的是在长期的历史发展中保留在中华民族中、具有稳定形态的中国文化，它包括思想观念、价值取向、道德情操、生活方式、礼仪制度、风俗习惯、宗教信仰、文学艺术、教育科学等诸多层面的广博内涵”。中华传统文化包罗万象，在选题初期学生容易抓不住方向，走向“大、虚、空”的错误方向。为此，指导老师提醒，在我们的日常生活中就有一种文化依然传承着，那就是中华饮食文化。

“民以食为天”，无论在哪个时代、哪个阶级，人都离不开日常饮食。饮食文化不仅体现了该地的自然资源、气候条件，还反映了一方儿女的物质水平、生活习惯、宗教信仰，可谓包罗万象，是一个地方的文化缩影。同时中华饮食文化因其自身的魅力和生命力成为世界上广受欢迎的一种中华传统文化。具有独特风味的中华饮食文化，也成为世界饮食文化宝库中的一颗璀璨明珠。

学生自主展开小组讨论，教师从研学结果的有效性和旅行体验的可实施性考虑，引导学生在可施行的选题领域、有研究应用价值的主题范围内，自主选定与传承中华优秀传统文化有关的研学主题，设计研学旅行方案。经过一番考察与分析，学生立足中华优秀传统文化的传承，选定了西安回民街作为研究地点，以“西安回民街美食的传承”作为研究课题。研究课题的选择可以开拓学生的思维与视野，让他们从一个细微的角度发现中华传统文化，即从与民众息息相关的饮食文化入手。饮食作为反映一个地区民众生活的文化，不仅联系了人与人，还沟通了古与今，体现了先民创造一种饮食的劳动智慧，通过对比可以发现时代的变迁。

二、收集相关材料，突显“生本”意识

中华优秀传统文化研学旅行是学生达成知行合一的有效载体。研学旅行通过课程研学引导学生去创造性地发现问题、解决问题，锻炼学生的探究能力。传承中华优秀传统文化与研学旅行相结合，在研学的过程中培养青少年的综合素质（分析问题、解决问题的能力），同时也潜移默化地使传统文化内涵根植于青少年心中。在进行体验的过程中，提高青少年的艺术素养，加深其对传统文化的了解，促使青少年在保留传统文化精髓的同时，运用创新思维进行“再设计”，对优秀传统文化的传承与发展也有积极的意义。

西安研学小组确立以西安回民街美食传承原因作为研究课题，在教师的指导下，展开了一系列研究。研究的步骤主要分为：确定研学课题—实地调研西安回民街—多途径查找资料—形成研学思路。

（一）实地调研西安回民街

西安回民街作为西安的历史街区，见证了城市文化的发展，反映了西安的历史积淀。研究西安回民街美食的历史传承原因对于承继城市传统文化、延续城市脉络、树立城市特色有一定意义。早期回坊的坊民是以从事农业和养殖业为主的，在清末回民起义后，回民被没收田产，被迫从事食品加工业及餐饮业。最初西北角的几个摊点，凭借都城隍庙大量的流动人口运转起来，摊点范围发展到麻家十字，最后才到北院门。1990 年，西安市政府批准在西安回坊建立回民商业街区。近现代西安回族街依托本地的民族特色文化发展了回族特色餐饮，丰富多彩的回民特色小吃吸引了各地游客，不断扩大西安回民街的影响力。渐渐地，西安回民街作为一个旅游商业街被世界各地的人所熟知。此外，西安回民街也是一个民族文化交融汇合的地方，成为最能反映西安饮食文化特色的一个聚集地。美食街，顾名思义就是美食聚集之地，回民街以其独特的环境与位置，汇集了以回族为主的西安美食：牛羊肉泡馍、羊肉汤、烤牛羊肉串、灌汤包、清真水饺、酸菜炒米、石榴汁等，各类点心及精美小吃让人目不暇接、流连忘返。来西安旅游的朋友绝不会错过这样一条街道，既大大满足了自己的食欲，又感受了中华民族文化。学生在了解西安回民街的历史来源与变迁后，亲自走访西安回民街，并且结合文献资料，最终通过制作调研表格将回民街常见的美食进行分类整合。

表 5-4-1 西安回民街美食表

美食类别	代表美食（或饭馆）
1. 牛羊肉类	老孙家牛羊肉泡馍、靡家泡馍馆、陕西第一碗小炒泡馍、老马家泡馍馆、荣盛祥泡馍馆、马三泡馍馆、刘家泡馍馆、老米家小炒泡馍、海老大牛羊肉泡馍馆、伊诚斋牛羊肉泡馍小炒、金家水盆羊肉、马志虎水盆羊肉羊杂、老四烤肉牛羊肉泡馍、马超庭院烤肉、平娃烤肉、买家阿拉伯烤肉、新疆买买提烤肉、满堂香粉蒸肉、老安家蒸碗、刘纪孝腊牛羊肉、辇止坡老童家腊牛羊肉、桥子口贾守信腊牛羊肉、铁志坚腊牛羊肉、马老六腊牛羊肉、定家小酥肉等等
2. 面食类	正宗兰州牛肉拉面、牛肉块哨子面、麻乃馄饨馆、新疆沙湾辣子鸡拌面、一分利面馆、新亮饺子面馆、莱伊特饺子馄饨馆、海家灌汤包、贾三灌汤包子、馅饼第一家、老孙家黄桂柿子饼、徐家黄桂柿子饼等等
3. 综合类	沙家水煎包肉丸胡辣汤、何亮烧鸡、老刘家特色肉丸胡辣汤、安家炒菜各种烧烤泡馍、红红酸菜炒米等等
4. 风味小吃	卤汁凉粉、八宝稀饭、砂锅、镜糕、肉丸胡辣汤、鸡汁麻辣冒菜、麻酱凉皮、麻辣串串香等等
5. 糕点类	老安家传统糕点、老坊上精细糕点、老白家传统南糖、马勇精细切糕、贵妃龙须糖、军军绿豆糕、老安家花生酥龙须糖等等
6. 炒货类	主要有各种瓜子、干果等

（二）多途径查找资料

在研学过程中多途径查找资料是学生必备的能力与学习方法。在研学旅行时，学生在老师的带领下已经实地调查了西安回民街，并将回民街的美食进行归纳分类。在已经掌握了研究对象的基本情况后，为期七天的研学旅行也落下帷幕。但是实地研学的结束，并不意味着这次研学的结束，研学后期的相关安排能促进学生关于本次课题研究的进一步思考与探索，养成主动学习、自主探究的学习精神。

资料的收集与查阅是学生进行自主研究与探索的必经过程。研学不仅仅是实地调研，还需要文献资料的支撑辅助学生构成丰富的研学体验。查找资料的途径是多种多样的，查找的方式可以分为线上和线下两种。在教师的指导下，学生通过文献检索法在网络搜索有关西安回民街的相关论文研究。此外，学生还组队到图书馆、档案馆、博物馆等处查找相关资料。

经过一番搜索与整理，学生们将资料进行分类，主要分为以下三大类：

第一类是对西安本土的介绍和民族研究。主要有：西安市地方志编纂委员会编的《西安市志·第四卷　经济下》，上限起自事物发端，下限至1990年底，重点记述中华人民共和国成立后的史实，其中记述的经济管理志、旅游志有助于梳理回民街从回坊转向商业旅游街的相关历史；美国学者吉利特的《麦加和北京之间：中国城市穆斯林的现代化和消费》一书是对西安回坊所做的民族志调查；西安伊斯兰文化研究会主办的刊物《伊斯兰文化研究》、陕西省伊斯兰教协会主办的刊物《陕西穆斯林》也发表了大量有关西安地区回民街历史、城市改造、民俗文化和经济生活等方面的文章。

第二类是介绍中华传统美食文化的资料。此类文献资料有助于学生了解中华传统饮食文化的概况，梳理我国饮食文化的渊源与传承，把西安回民街的美食放在一个大背景下去探讨更能准确把握其形成与发展的过程。复旦大学出版社出版的《中华饮食文化》以中华八大菜系为主线，以生动朴实的语言，详尽介绍了中国菜肴的美食趣闻，其涉及美食溯源、传说、典故、制作方法等诸多方面，集趣味性、知识性与实用性于一体。《少年中华美食历史故事》讲述与中华历史名人有关的美食故事，还有中华传统节日节气美食故事、民间美食故事等等。《美食中国》选取了各地比较知名的品种特色菜，从它们的演进历史、典章故事、具体烹饪方法等方面进行了比较翔实的考证。

第三类是借助互联网搜集的美食类纪录片。这些视频制作精美，从另外一个角度以生活化的方式记录了中华传统饮食的现状。例如《舌尖上的中国》《风味人间》《鲜味的秘密》《中国美食探秘》《一城一味》等等。

（三）形成研学思路

经过前期的研学实地调研和后期的资料收集与整理，接下来是小组成员总结、归纳形成研学思路的阶段。西安回民街的美食多种多样，美食传承原因也五花八门，因此逐一分析会显得尤为困难。为此，教师提出两大问题：第一，在实地调研回民街美食的时候，你们发现最受欢迎的、最让人印象深刻的美食有哪几种？第二，探索这几种有代表性的美食的传承原因中有哪些共同点？教师随之引导学生将这两个问题的回答形成两个研讨的思路：通过西安回民街美食表，结合研学体验挑选出几种有代表性的回民街美食；结合搜索的资料，总结出这几种美食得以传承的共同原因。

学生在教师的指导下将前期收集的材料精简去繁，围绕两大问题串成有序的思维导图，通过思维导图梳理并归纳出西安回民街美食的传承原因。在这个过程中，学生在自我兴趣的带动及任务的驱动下，自主通过查找资料了解西安回民街的相关历史，自发去实地调研，近距离体验西安美食的发展现状，通过学习了解中华传统饮食的特色，掌握西安回民街美食的起源和传承。在此过程中，研学就理所当然地成为学生有目标、有计划地发挥自主能动性，学习探究方法，增长中华优秀传统文化知识的过程，旅行体验所需的知识储备也就形成了。

三、展示研学成果，升华教学效果

在最后阶段，为了达到交流与分享的研学效果，将更多的中华优秀传统文化介绍给同学们，让大家担负起文化传承者的身份角色，教师设置一节展示课，并在此基础上将同学们分成两个小组分别制作多媒体在校园展示，以便与中学师生进行进一步交流，表达我们弘扬中华优秀传统文化的意向。

在教师的建议下，学生在准备研学成果展示的过程中了解到传承中华优秀传统文化不能停留在纸上谈兵，而要基于课题的研究成果有所行动，为中华优秀传统文化的传播与继承作出自己力所能及的实际行动。在研学课题的后期活动中，学生选取西安回民街的代表性美食作为素材，亲自绘制出“食在西安回民街”系列书签。书签上不仅有手绘西安回民街美食的图片，如肉夹馍、甑糕、凉皮、羊肉泡馍等等，还附有每一个美食代表的简介，向大家普及关于美食的趣味知识。学生通过动手制作书签，将研学成果实物化，真正做到将传承中华优秀传统文化付诸实践，以书签制作这种创新方式分享给更多人，将传统文化与现代传播方式相结合，实现文化传承。

开展传承中华优秀传统文化研学旅行活动课程，促使学生们在一个延续、有组织、有专业教师指导的研学旅行活动课程中，通过行前主动探究中华优秀传统文化的现状与传承，行中有目的地亲身体验、验证应用知识技能，行后汇报反思、感悟内涵，真正理解并掌握中华优秀传统文化的内涵，掌握自主学习、探究学习和体验式学习的方法，主动成为中华优秀传统文化的优秀继承人，实现传承中华优秀传统文化研学旅行的目的。

（珠海市第二中学　张敏怡）

第五节 以课题研究为支点撬动高中研学旅行实施系统探究

——以“北京故宫、颐和园等古建筑屋顶特点的探究”课题为例

一、本课题研究的背景

本课题研究适应国内外教育新形势，对学生教育由以往的应试教育开始向素质教育转变，并根据高考改革新变化，来确定课题研究的概念、方法等，从而达到预期的研究目标。以课题研究为支点撬动高中研学旅行实施系统，通过对教学目标、旅行路线、出行保障等的规划，结合学科内容或传统文化来为高中研学旅行的科学实施奠定根基，以切实起到开阔学生视野、锻炼学生动手能力、扩展学生思维空间和培养学生学习信心的效果。

在研学旅行中，本课题将关注的焦点放在了如何更好地培养学生的文化自信、促进中华民族优秀传统文化的传承和发展方面。因此，本次课题选择的是让学生们通过对北京故宫、颐和园等古建筑屋顶特点的研究，来开阔他们的视野，让他们走近和触摸我国的古代建筑，深切地感受到我国劳动人民的伟大，以培养他们对源远流长的中华民族传统文化的认同感和自豪感。

很多学生都是第一次来北京，对于去北京故宫、颐和园等知名景点参观、游览和研学，他们表现出了极大的参与积极性。为了使本次研学旅行能够画上一个圆满的句号，课题组教师特意设计了一些问题。问题一：故宫、颐和园等古建筑屋顶主要有什么类型？问题二：各类型的建筑屋顶有

何特点？问题三：屋顶上的脊兽有什么来历、作用？问题四：脊兽的摆放数量有何讲究？

基于以上问题，我们确立了“北京故宫、颐和园等古建筑屋顶特点的探究”课题。

二、本课题研究的目的和意义

本课题研究具有重要的意义，大致可分为理论意义和实践意义两部分。

理论意义：本课题通过对国内外专家、学者的相关研究成果进行分析，明确以课题研究为支点撬动高中研学旅行实施系统，通过归纳、分析等方式，了解高中研学旅行，并在分析问题及问题产生原因的基础上，通过个案分析的方式找到对策，弥补相关研究领域的空白，这对于高中学校各学科实施研学旅行的意义不言而喻。

实践意义：在新课程改革的大背景下，要更加注重对学生的素质教育和核心素养培养。《中国学生发展核心素养》提出了中国学生应具备的六大素养，本课题以此为出发点，注重对学生人文底蕴核心素养的培养，通过让学生研究北京故宫、颐和园等古建筑屋顶特点，使他们窥一斑而知全豹。二者的科学结合，有利于开发出质量更高、口碑更好的研学课程，为研学体系的构建奠定扎实的基础。此外，本课题的研究还有助于提高学生们对于传统文化的理解和认同，是推动传统文化传承和创新的重要途径。在研学旅行中，让学生们走出校园接触体现传统文化精髓的古建筑、丰富的实物资料等，是培养学生对祖国传统文化热爱之情的重要方式。此外，本次课题的有效实施，还能帮助学生树立正确的世界观、人生观和价值观，是将其培养为具有社会主义核心价值观的时代新人的重要途径。对北京故宫、颐和园等古建筑屋顶特点的系统化研究，对传统文化的探索，对历史表达的追寻，让我国的民族文化的基因得以传承。

三、概念界定

故宫：在旧时也被叫作紫禁城，是中国的皇家宫殿，属于明清建筑，也是中国建筑的集大成者，是中国最具代表性的建筑。故宫的位置较为特别，位于北京中轴线的中心位置，符合我国古代建筑方位、朝向方面的规制，体现了“天人合一”的理念。故宫以三大殿为中心，建筑面积和占地面积广阔，是目前世界上保存最完整和规模最大的木质结构古建筑之一。

颐和园：中国的皇家园林，建造于清朝时期，位于北京的西郊，占地面积达到了 290 公顷，与圆明园相邻。颐和园是从江南园林中汲取精华元素，按照其设计手法进行设计的，是一座大型的山水园林，昆明湖、万寿山等都是其典型景点。

脊兽：屋脊兽是中国古代传统建筑中放置在房屋、宫殿等房脊上的雕塑作品。中国古建筑上的跑兽最多有十个，分布在房屋两端的垂脊上，从前到后的顺序依次为：龙、凤、狮子、天马、海马、押鱼、狻猊、獬豸、斗牛、行什。

四、课题研究的目标、主要内容和实践

（一）研究目标

（1）了解故宫、颐和园等古建筑屋顶的主要类型及其特点，加深对古建筑屋顶的认识。

（2）探究屋顶上的脊兽的来历、作用和摆放数量有何讲究，增加对脊兽的了解。

（二）研究的主要内容和实践

本课题研究以高中生全面发展为出发点，结合教学特点，通过对学

生资源的充分开发，以引导的方式指导学生亲自参与到课题研究中，在构建和完善高中研学旅行实施系统的基础上，提高学生的自主学习和探究能力，丰富其学习和实践体验。

本课题在探索和研究中，主要从以下几点入手：

一是通过研学旅行起到深化教育改革、提高学生综合素养的功效。本课题将古建筑屋顶主要形式、特点和等级作为研究的主要内容，激发学生的学习和探究兴趣，使他们能以研学旅行实践和课题研究相结合的方式更深刻地感受传统文化魅力，为其成长为优秀传统文化传承者奠定扎实的基础。同时研学旅行也是培养学生责任意识的重要途径，如在研究屋顶主要形式、特点和等级这部分内容时，先研究屋顶的分类，可分为庑殿顶、歇山顶、悬山顶、硬山顶、攒尖顶等，然后对这几种屋顶的特点和历史记载等分别进行详细研究。如通过研究发现，庑殿顶的屋顶屋面有四面坡，前后坡面相交成正脊，两山屋面与前后屋面相交形成四条垂脊。其四面以红色调为主，黄色为辅，屋顶以黄色调为主，前后两面是梯形，由上而下都用重檐，以一条正脊、八条垂脊制得。这些建筑风格，只有皇家圣殿、寺庙正殿、皇帝陵墓的祾恩殿才可以使用。在引导学生了解古建筑屋顶的主要特点之后，教师将学生分为了若干个小组，让他们以小组为单位，通过去图书馆查阅或网络查询等方式获取关于庑殿顶的历史记载。各小组学生以课题组的形式分工合作，最终交出了一份令人满意的答卷：庑殿顶最早出现的时间为先秦时期。《周礼·考工记》载："商人四阿重屋"，即早在商朝，已有四阿屋顶，但只是四坡水的茅草房而已。先秦之后，还有许多朝代也出现过庑殿顶，周代铜器和北朝石窟等文物均可印证。以北京故宫、颐和园等古建筑屋顶特点为研究的落脚点和学生们研学旅行的主要活动项目，可以让教师进行研学旅行课程设计时，内容上有效结合其特点和传统文化元素，形成专题类的研学活动。此方式可以使学生们在参观、合作、讨论等过程中，习得知识，生成核心素养。此外，以探究北京故宫、颐和园等古建筑屋顶特点为研学旅行实践活动，可以给予学生更为别样的体验，在丰富其实践经验的同时，还能有效培养学生们的问题意识、实践能力，对于启迪智慧、丰富思维，培养学生树立社会主义核心价值观都具有积极意义。

二是通过研学旅行，让高中生体会到文化的魅力，使他们在实践活动中，能够感知美、创造美。美育是指人们运用自己的聪明才智创造美并将其转化为一种教育的过程。科学的美育教育，不仅可以使学生们拥有丰富、充盈的心灵，还能起到健全学生品格，塑造其个性的作用，这是其他教育无法具备的优势。

以北京故宫、颐和园等古建筑屋顶特点为研学旅行的主要项目，是让学生们在欣赏与研究中，能够充分感知美、欣赏美、理解美和创造美。在此过程中，课题组教师应首先让学生们认识到我国古建筑的美，并通过对其屋顶特点美的深入研究，对其中蕴含的传统文化深入挖掘，为学生理解美和创造美奠定基石。如北京故宫、颐和园等古建筑屋顶不仅造型各异，且还有等级之分，按照等级由上到下的排序为：庑殿顶 > 歇山顶 > 悬山顶 > 硬山顶 > 攒尖顶。这样的内容是学生意想不到的，因此，他们表现出了较高的学习和探究热情。此外，屋顶上的脊兽也有不同的分类。为了提高学生的参与积极性和课题研究效率，教师可在组织学生去研学旅行前就分配好小组和课题研究任务，从而使他们的研学旅行不是漫无目的的游玩，而是带着特定的目的和意义。对此，教师可先将学生们按照学习基础、学习能力等划分为几个课题小组，然后为他们布置课题研究的项目。如 1 小组的学生的课题研究项目为“屋顶上脊兽的分类、排序、放置方向及作用”；2 小组的学生的课题研究项目为“脊兽的寓意”……在为学生确认了课题研究内容、目标、方法之后，便可让学生以小组为单位进行研究性学习。当学生明确了此行的目标之后，在北京故宫、颐和园游玩时，便会认真地倾听教师的讲解，仔细地观察、体会建筑屋顶所蕴含的历史文化，对其学习和探究我国传统文化、感受历史发展脉络、体会古人的工匠精神都具有积极意义。学生们在教师的有意引导下，在亲自观察和触摸下，对于北京故宫和颐和园等有了更为深刻的认识，真正体会到了何谓精益求精、何谓博大精深，这对于培养他们的文化自信、爱国情怀产生了深远的影响。

如在本次的研学旅行中，教师在引导学生们去发现脊兽的排序（从前到后）后，可向学生们提出他们要研究的问题：脊兽的排序等级和数目之间的关系。这个问题抛出后，学生们便会仔细观察，探寻二者之间的联系。学生们最终的研究结果为：

小小的脊兽也有等级之分。在小仙人之后的小兽为奇数，宫殿等级越高，脊兽的数目也就越多。如太和殿，为十只脊兽（龙、凤、狮子、天马、海马、押鱼、狻猊、獬豸、斗牛、行什），因为代表着皇帝的权威，所以脊兽是最多的，天下无二；乾清宫，有九只脊兽；坤宁宫，有七只脊；而在某些配殿，甚至只有一只。为了表明结果的正确性，学生们还进行了史料实证，即故宫太和殿在所有现存古建筑中等级最高，角脊上面排列的小兽数量为十个，顺序为："一龙二凤三狮子，天马海马六押鱼，狻猊獬豸九斗牛，最后行什像个猴"，其顺序和数目代表了当时的皇室权威。脊兽按照朝口的方向，又可分为两个类别：一类，口向下，呈含脊状，称为螭吻；另一类，口向上，或张嘴或闭嘴，叫作垂兽、望兽、蹲兽。

在回到教室之后，教师组织学生以课题研究的方式对本次研学旅行进行研究性学习，不仅开阔了学生的视野，丰富了其知识储备，还教授了他们学习方法，可谓一举多得。

三是通过研学旅行让学生们快速成长，拥有包容不同文化的品质和胸怀，培养其世界眼光。故宫和颐和园是中国古代建筑的杰出代表，也是中国屹立于世界之林的国家名片。对此，教师应首先具备这样的理念，并将其传递给学生们，使他们在多元文化思潮的冲击下，对自己国家和民族的文化更具自信心和自豪感。研学旅行通过对古建筑屋顶特点的研究，可以起到以小见大的功效，以特有的实践活动形式让学生感知中国传统文化的丰厚底蕴，培养其主动探究的意识，塑造其健康正确的三观，使他们正确看待东西方文明及其人文精神，并将其融为一体，让他们对不同的文化多一份自我的判断。研学旅行是培养学生具备理解、包容心态的重要途径，与此同时，也能培养他们科学的竞争观念，正确面对来自学习、生活、社交等方面的挑战，从而走向更加健康、积极的未来。在研学过程中，教师应积极地渗透德育方面的内容，培养学生们的民族自尊心、自豪感、责任感，使他们对祖国的传统文化多一份认可，使其具备国际交流、合作等能力，成长为新时代下具有世界眼光的“四有”新青年。

五、展示课题研究的成果

（一）理论成果

通过本课题的研究，可以丰富高中教师的教学理念，使他们对研学旅行有一个更为全面和深刻的认识，并能够运用现代的教育理念，来确立科学的实施系统。通过课题研究，可以改变广大师生观念，不再将研学旅行视为简单的旅行，也不再认为其是一种游学或夏令营，认识到它是一种实践教学方式。

（二）实践成果

我们对古建筑屋顶有着深厚兴趣和疑问，以此为出发点，经查阅与古建筑屋顶相关的资料，在对其有一定了解后进行实地考察。在考察的过程中，我们被故宫和颐和园恢宏壮丽的构造所震撼，还观察到古建筑屋顶的外观特点以及屋顶脊兽的数量和排列顺序。学生在辅导老师的指导下，深入了解了古建筑屋顶和屋顶上脊兽的历史文化以及它们的作用。通过小组的讨论分析，总结出了古建筑屋顶与封建阶级有着密切的关系，以及屋顶如何受历史文化的影响。在科技不发达、生产力低下的古代，一座座宫殿都是由人民以人工完成的。这些恢宏的古建筑凝聚了劳动人民的智慧，而且其形式不一的屋顶、各种排序类型的脊兽说明了古代对尊卑等级的看重。脊兽，代表人们对幸福生活的向往以及对美好的追求。这些古建筑蕴含着数千年博大精深、源远流长的中华民族传统文化。北京故宫、颐和园里的建筑，达到了中国古代建筑的顶峰，无论是屋顶形式，还是脊兽，都让人叹为观止。

（珠海市第二中学　胡永梅）

参考文献

[1] 中华人民共和国教育部.普通高中历史课程标准（2017年版）[M].北京：人民教育出版社，2018.

[2] 郑林.中学历史教学论[M].北京：高等教育出版社，2020.

[3] 缪晓虹，刘洪生.核心素养导向下的中学历史学科育人课程研究[M].广州：暨南大学出版社，2020.

[4] 成月.本地博物馆资源在中学历史教学中的应用[D].上海：上海师范大学，2020.

[5] 周婧景，郭川慧.博物馆“研学旅行”定义及其理解[J].博物院，2020(5)：89-95.

[6] 张孝峰.高中历史教学运用博物馆资源的方法[J].中学历史教学参考，2017(14)：13.

[7] 赖小聪.博物馆资源在历史课堂教学中的开发与利用[J].中学课程资源，2019(6)：63-65.

[8] 戚仕良.核心素养下高中生数学问题意识与问题解决能力的培养[J].数学教学通讯，2019(15)：50-51.

[9] 赵俊.让“问”成为物理课堂的主旋律：谈高中生问题意识的培养[J].湖南中学物理，2018，33(1)：34-35.

[10] 李睿豪.高中生理科学习过程中如何培养自身问题意识[J].中华少年，2018(25)：168.

[11] 王勇.为有源头活水来：高中数学教学中学生问题意识的培养策略研究[J].新课程（下），2017(3)：44.

[12] 钟林凤，谭诤.中小学研学旅行安全保障体系的构建[J].教学与管

理，2018(18)：71-74.

[13] 熊芳芳.不忘来路 始知归程[J].中学语文教学参考，2016(29)：4-7.

[14] 夏青峰.在研学旅行中坚持“八个融合”[J].人民教育，2017(23)：30-31.

[15] 刘晓媛.“中华文化寻根之旅”拓展学生成长空间[J].北京教育（普教版），2015(8)：67-68.

[16] 周大鸣，石伟.遗产旅游与乡土社会：关于灵渠文化遗产的旅游人类学研究[J].广西民族大学学报（哲学社会科学版），2011，33(2)：72-78.

[17] 刘沛林.古村落：亟待研究的乡土文化课题[J].衡阳师专学报（社会科学），1997(2)：72-76.

[18] 曹云，周冠辰.城镇化进程中乡土文化的保护困境与有效传承策略[J].现代城市研究，2013，28(6)：31-34.

[19] 林敏霞，颜玲云.从宗祠到文化礼堂：村落传统建筑遗产功能研究[J].民族论坛，2016(12)：65-71.

[20] 梁敏仪.传统与现代：珠江三角洲宗祠文化的现实思考[J].文化软实力研究，2017，2(2)：32-36.

[21] 上海市教育委员会教学研究室.中学历史单元教学设计指南[M].北京：人民教育出版社，2018.

[22] 魏恤民，吴美娟.初中历史教学关键问题指导[M].北京：高等教育出版社，2017.

[23] 周文叶.中小学表现性评价的理论与技术[M].上海：华东师范大学出版社，2014.

[24] 中华人民共和国教育部.义务教育历史课程标准（2011年版）[M].北京：北京师范大学出版社，2012.

[25] 彼格斯，科利斯. 学习质量评价[M].北京：人民教育出版社，2010.

[26] 蔡顺英.参照SOLO理论建构历史解释：以“工业革命促成世界市场初步形成”为例[J].福建基础教育研究，2018(7)：82-83.

[27] 周银锋.地理实践力视域下研学旅行学生行为表现评价体系研究[J].中学地理教学参考，2019(5)：46-50.

[28] 张汉林.历央思维能力体系的建构[J].中学历史教学参考，2019(9)：4-16.

[29] 胡向东.中小学研学旅行评价体系建设研究[J].决策与信息，2018(12)：10-18.

[30] 周玉琴，鲁海波，郑欣进.基于表现性评价的高中生地理实践力培养研究[J].中学地理教学参考，2018(23)：38-41.

[31] 朱汉国.历史学科核心素养释义[J].历史教学（上半月刊），2018(03)：3-9.

[32] 谭海军.历史学习表现性评价的实践探索：以高中历史选修课“商鞅变法”为例[J]. 中学历史教学参考，2018(11)：4.

[33] 张铁牛.中学地理核心素养评价指标体系的构建[J].广东教育（综合版），2017(4)：27-30.

[34] 郑林.中学生历史学科能力构成及表现研究[J].课程.教材.教法，2017，37(8)：57-62+68.

[35] 朱文琪.指向深度学习的核心素养校本评价：以历史学科蕴含的家国情怀为例[J].历史教学（上半月刊），2017(11)：24-29.

[36] 马晓丽.高中历史学科表现性评价量规的设计[J].中国考试，2014(11)：22-27.

[37] 梁树俊.中学历史教学中的表现性评价研究[D].武汉：华中师范大学，2013.

[38] 朱虹.表现性评价研究[D].郑州：河南大学，2009.

[39] 张英龙.珠海侨务志[M].珠海：珠海出版社，2009.

[40] 杨立文.论口述史学在历史学中的功用与地位[J].北大史学，1993(00)：120-136+276.

[41] 陈志刚.试论历史情感教育的实施策略[J].历史教学（中学版），2008(3)：31-35.

[42] 陆通.中华优秀传统文化与文化自信，[M].长春：吉林出版集团股份有限公司，2018.

[43] 周修兰.传播与调适："西安回民街"民族文化认同变迁研究[D].兰州：西北民族大学，2017.

[44] 李鹏英.西安回民街与乌鲁木齐山西巷回民街特色饮食比较研究[D].乌鲁木齐：新疆大学，2011.

[45] 巴克教育研究所.项目学习教师指南：21世纪的中学教学法[M].北京：教育科学出版社，2007.

[46] 夏雪梅.学科项目化学习设计：融通学科素养和跨学科素养[J].人民教育，2018(1)：61-66.

[47] 中华人民共和国教育部.普通高中历史课程标准（2017年版2020年修订）[M].北京：人民教育出版社，2020.

[48] 胡佳怡.从"问题"到"产品"：项目式学习的再认识[J].基础教育课程，2019(9)：29-34.

[49] 余明华，张治，祝智庭.基于学生画像的项目式学习评价指标体系研究[J].电化教育研究，2021，42(3)：89-95.